教育部国别和区域研究备案中心
辽宁省省级重点新型智库
辽宁大学俄罗斯东欧中亚研究中心
国家民委国别和区域研究中心
辽宁大学独联体国家研究中心

俄罗斯社会经济发展史

СОЦИАЛЬНО-ЭКОНОМИЧЕСКАЯ
ИСТОРИЯ РОССИИ
С ДРЕВНЕЙШИХ ВРЕМЕН
ДО НАЧАЛА XXI ВЕКА. КУРС ЛЕКЦИЙ

曹英华 崔 铮 译著

 社会科学文献出版社
SOCIAL SCIENCES ACADEMIC PRESS (CHINA)

译者序

在人类发展的历史长河中，俄罗斯国家的历史并不算太长，但却显得跌宕起伏。为寻找适合自身的社会经济发展之路，俄罗斯人民从未停止理论与实践探索，积累了丰富经验，也付出了巨大的社会经济成本，体制模式也曾一度波及他国。国立莫斯科罗蒙诺索夫大学经济学系八位学者倾心合著的〈Социально – экономическая история России с древнейших времен до начала XXI века (курс лекций)〉一书再现了这一历史进程。

本作品译者遵循"信、达、雅"之传统译理，利用阐释学的相关方法，完成了对这一集体成果的中文翻译。需要着重说明的是，原著中对俄国十月革命、苏联计划经济体制及俄罗斯转型的部分论点多有商榷之处。为使中文读者了解当代俄罗斯学者对苏联及俄罗斯转型的真实看法，译者如实译出了相关内容，以供中文读者批评借鉴。

由于译者理论与语言水平有限，译著中多有聱牙佶屈之处，祈望读者指正赐教。

译　者

2021 年 4 月 16 日于沈阳

目 录

第 1 讲 古俄罗斯的社会经济发展 ………………………………………… 001

第 2 讲 莫斯科公国和王国的社会经济发展（1453～1613） ………… 046

第 3 讲 俄罗斯帝国兴起的制度、经济和思想前提的形成 ……………… 081

第 4 讲 彼得大帝改革 ……………………………………………………… 113

第 5 讲 18 世纪俄罗斯社会经济发展 ………………………………… 123

第 6 讲 农奴制废除前俄罗斯经济的演化（1796～1681） …………… 153

第 7 讲 俄罗斯废除农奴制及 1861 年后的（土地）赎买 ……………… 184

第 8 讲 19 世纪末至 20 世纪初俄罗斯向"现代增长方式"过渡 ……… 191

第 9 讲 第一次世界大战和革命时期的俄罗斯经济 …………………… 217

第 10 讲 战时共产主义时期 ……………………………………………… 228

第 11 讲 新经济政策的问题、成就和矛盾（1921～1928） …………… 241

第 12 讲 早期的经济计划和关于工业化方式的争论 …………………… 267

第 13 讲 战前五年计划中社会主义的加速发展（1928～1941） ……… 281

第 14 讲 伟大卫国战争时期的苏联经济（1941～1945） ……………… 307

第 15 讲 苏联国民经济的恢复和持续发展（1946～1950） …………… 322

第 16 讲 20 世纪 50～60 年代上半期苏联社会经济发展 ……………… 335

第 17 讲 20 世纪 60～80 年代初的苏联经济 …………………………… 356

第 18 讲 市场经济转型期的俄罗斯经济

（20 世纪 80 年代下半期至 90 年代） …………………………… 373

第 19 讲 从计划向市场转型过程中"自由化"是否有可选方案？

（20 世纪 80～90 年代俄罗斯市场改革的理念和规划） ……… 395

第1讲

古俄罗斯的社会经济发展

罗津斯卡娅 Н. А.

古俄罗斯（国）即基辅罗斯于9世纪下半叶在目前属于俄罗斯、乌克兰和白俄罗斯的领土上逐渐兴起。从6世纪开始，这片土地上分散建成了类似国家的公国或规模不大的城邦（小城市－国家），它们在9世纪末被唯一的大公统一起来。

古罗斯的资源基础

罗斯－俄罗斯的历史起源于何时、何地，目前学者们对此并无一致的答案。最为普遍的一种观点是，罗斯于9世纪在沿着"从瓦兰吉亚人到希腊人"商路的地域上开始兴起。然而，克柳切夫斯基 В. О. 写道，7～8世纪沿着第聂伯河就已经有一些城市和公国。伊洛瓦伊斯基 Д. И. 和韦尔纳茨基 Г. В. 认为，罗斯于6～7世纪出现在克里米亚地区。作为俄罗斯历史上的第一个国家，特穆塔拉坎汗国是以克里米亚特穆塔拉坎城为中心的国家组织。当然还有其他的一些观点。可见，以现代的知识水平来回答提出的问题，大概只能得到一个笼统的答案：俄罗斯国家组织于7～9世纪在中俄罗斯平原和亚速海沿岸形成。内河商路在国家构建中发挥了重要的作用。

影响俄罗斯国家和城市构建进程的主要因素可以分为地理、气候和地缘政治。

从地理角度看，单一的地理地貌是罗斯独有的特征——平原广布。这就使东欧有别于中欧和西欧，这两个地区的空间被山岭隔开。在从北冰洋向南延伸至黑海、里海和从西边喀尔巴阡山脉向东延伸至乌拉尔山脉的广袤中俄罗斯平原上，出现了第一个俄罗斯国家。

气候因素体现在短暂的农业生产周期上。由于夏季相对较短，所以农民每年只有从5月到10月不超过5个月的农忙期。这是农民劳动强度极大的一段时间，而一年中的其他时间则处于农闲状态。无协作的劳作和不高的土地收成导致农业效率很低，这也在一定程度上形成了俄罗斯人的生活方式和性格。

古俄罗斯国形成和发展期间最为重要的地缘政治和地缘经济因素，是查理大帝帝国解体后一直存在的拜占庭帝国，它拥有高度发达的文明和经济，也是当时政治最强大的国家。拜占庭对俄罗斯而言是贸易伙伴，文化及后来的宗教坐标。

地缘政治的第二个重要因素是与进行破坏性侵袭的游牧民族为邻。罗斯一直处于多个亚洲汗国向西欧亚大平原移居的路上。公元初的几个世纪，南匈奴和阿尔瓦人穿过后来古罗斯国的土地，基辅罗斯存在的初期不得不先和哈扎尔人，然后是佩彻涅格人、波洛韦次人，最后是蒙古人战斗。虽然西欧的"游牧民族因素"在一千年后消失了（游牧的马扎尔人逐渐定居，甚至海上游牧即海盗行为逐渐停止），但在古罗斯的历史中却一直延续着。

古罗斯居民和斯堪的纳维亚人（诺曼人）的相互关系是第三个因素。这种相互关系在经济发展尤其是贸易活动中，以及罗斯的国家结构形成过程中都起到了突出的作用（"贸易"一词源于瑞典语"交易"—"场所"）。

第四个地缘政治因素是古俄罗斯国即基辅罗斯在自发源地向东北方向扩展过程中有一个独特的政治真空。这片土地上住着比斯拉夫人和诺曼人更落后的乌戈尔一芬兰部族，他们没有自己的国家组织。因为不能有效地抵御斯拉夫一诺曼人的扩张，其土地成为不论是基辅罗斯还是其后国家历史上重要的一部分。事实上，在俄罗斯历史最初期，通向东北方向之路就是打开的。

正如已经指出的，基辅罗斯分布于几个自然气候带。林区居民点相对大一些，有10～20户人家。这样的村社被称为"米尔"或"韦尔维耶"。大村社人口集聚的原因，是林区刀耕火种的农业需要多人的共同协作劳动。刀耕火种需要平整未开垦的大片林地（砍伐树木并将其拖到田地的边上；根除树墩，然后烧尽灌木林）。这一繁杂的劳作能带来相对大的丰收——收成与种子之比为30:10，^{①} 因为灰烬是很好的肥料。这样好的收成仅能维持2次或3次的耕种，土地随即变得贫瘠。相应地，2～3年后需要开垦新的土地。

由于人口增长和空闲土地相对减少以及耕种技术不断完善，刀耕火种逐渐向耕种过渡，因此已不需要整个村社共同协作劳动。村社开始解散为众多经济独立的家庭。集体村社的解体还与贸易扩展及社员社会经济分化（工）增加有关。一些最为成功的商人用贸易所得购买农奴，一些人雇工（劳动）成为大地主，一些人开始从事贸易并迁入城市。因破产而失败的人转为雇工、债务人、依附农民或农奴。

在以黑土为主的林区和草原上开垦土地不需要集体劳动，自始就没有形成大的村社。斯拉夫人以平均1～3户的小群体沿河而居，其中大部分人的主要收入来自贸易和手工业。

遗憾的是，我们没有古俄罗斯国有关人口数量的统计信息。只能借助考古资料（能找到皮鞋、武器残存物的填埋地）和一些间接的指标，大致推断当时的人口数量。《欧洲史》中记载，蒙古人统治时，罗斯的人口数量为600万人。^{②} 韦尔纳茨基 Г.В. 利用欧洲和东方国家的人口资料，以及俄罗斯更为晚期的人口资料得出的结论是，12世纪基辅罗斯的人口为900万～1000万。此外，他还指出，城市人口占比不少于13%（100万以上），"……远高于莫斯科时代的同等指标，符合19世纪末的情况"^{③}。依据考古资料可以得

---

① Шапиро А. Л. Проблемы социально-экономической истории Руси XIV-XVI вв. Л., 1977. С. 13－14.

② История Европы. Т. 2. М., 1992. С. 37.

③ Вернадский В. Г. Киевская Русь. Тверь, М., 2000. С. 116.

出各地区农村居民点的数量。比如，斯摩棱斯克地区12世纪的农村居民点达到89个，莫斯科地区是120个，奥卡河谷是83个。① 11世纪初期，罗斯有20~25座城市，到12世纪有70座，13世纪约为300座。并且，不仅是城市数量的增长，还有其规模的扩大。基辅是中世纪欧洲最大的城市之一。（古城）发掘可以推断出城市占地规模的变化：斯摩棱斯克从10公顷到100公顷，切尔尼戈夫从55公顷到160公顷，基辅从80公顷到300公顷。②

谈及资源基础，在基辅罗斯的国土上，"……许多地区蕴藏着快到地表的铁矿床，多半分布于沼泽地或湖边……根据斯拉夫人居住地（考古）发掘工作，能确定早在基辅时期就有开采和熔铁的活动"③。但古俄罗斯国主要的自然财富是森林，其中分布着蜜蜂和皮毛具有经济价值的野兽，以及有各种鱼类的河流和湖泊。大量铁矿和森林资源的同时存在促进了冶金工业的发展，因为冶炼需要大量的（木材）燃料。正因为这样，罗斯从不缺乏制造武器和盔甲的原料。斯堪的纳维亚国家十分喜欢诺夫哥罗德制造的铠甲。

基辅罗斯国家体制（组织）的形成

叙述基辅罗斯国家创建的过程，我们将遵循克柳切夫斯基 B. O. 的逻辑，他提出的纲要是居民点（城堡）——城市——城市地区——地区联合成国家。④ 实际上，考古学家在第聂伯河沿岸到处可以发现多神教的村落，村落之间相距4~8公里。这样的村落挖壕筑成带有围栅的圆形土堤，用于防止敌人入侵，尤其是成群野兽的攻击。这些村落是7世纪沿第聂伯河分散而居的斯拉夫人及其旁支建立起来的。一切迹象表明，由于受到希腊人部族的排挤，斯拉夫人从多瑙河流域越过喀尔巴阡山脉迁移至此。自远古以来，

① Древняя Русь: город, замок, село. М., 1985. С. 101-102.

② Древняя Русь: город, замок, село. М., 1985. С. 60.

③ Вернадский В. Г. Указ. соч. С. 114.

④ Ключевский В. О. Курс русской истории. Т. 1. М., 1987. С 128-161.

沿第聂伯河就有活跃的贸易活动，这是一条希罗多德提到的商路，古希腊人通过第聂伯河获得波罗的海沿岸的琥珀。

可见，定居在第聂伯河沿岸的斯拉夫人及其支脉正好处于河道的中心，这是当时欧洲最重要的商路之一。8~11世纪以君士坦丁堡为中心的拜占庭和以巴格达为中心的阿拉伯哈里发可以称为具有吸引力的主要中心。此外，还有像花剌子模和布哈拉这样的文化和贸易中心。西欧的同一时期被称为蒙昧世纪：自然经济、城市刚具雏形，手工业在衰落5~8个世纪后开始恢复，罗马文化被破坏了，中世纪文化才刚刚形成。哈里发成为科学和技术的领导者，这一时期这里诞生了希腊主义的传统，主要的学者和医生都使用阿拉伯语。与拜占庭关系密切的罗斯自然也深受其影响，甚至通过里海的贸易与哈里发建立了联系。

由于从多瑙河迁居而来的斯拉夫人加入沿第聂伯河繁忙、盈利的贸易活动，罗斯在8世纪出现了一批最悠久的城市。在编年史中我们没有发现诸如基辅、佩列亚斯夫利、切尔尼戈夫、斯摩棱斯克、留别奇、诺夫哥罗德、罗斯托夫、波罗茨克出现的时间。在9世纪即编年史开始记载罗斯的年代，这些城市的多数可能已是相当大的居民点，并都已融入国际贸易之中。编年史记载，839年罗斯使者来到拜占庭的都城君士坦丁堡（俄罗斯编年史中视之为皇城），目的是与其建立或恢复友谊，即签订条约。^{①}

克柳切夫斯基 B. O. 这样描述城市建立的过程。随着贸易的发展，部分居民点（城市）成为贸易集散地，猎户、林中养蜂人来此开展远古时代的交易、游乐。这样的集散点被称为"路上的客店"。一些小型的农村集市演变成了繁荣商路上的大市场。在这些作为本地企业主和国外市场媒介的大型市场中出现了一批古老的商业城市，它们位于希腊一瓦兰吉亚商路上。这些城市既是商贸中心，也是周边工业地区产品的主要仓储点。^{②}

---

① Ключевский В. О. Курс русской истории. Т. 1. М.，1987. С. 157.

② Ключевский В. О. Курс русской истории. Т. 1. М.，1987. С. 141. 我们要注意的是，"产业"一词源于"手工业"，而非现代意义上的"工业"。

罗斯在9世纪就出现了一批作为贸易经济基础的城市。贸易只有获得最低安全保证，才能顺利发展。比如，应使商人确信或有希望，属于他们的钱或商品不会被人抢夺走，因此应该有保护（卫）商人财产的军事力量。这一方面会导致商人变为军人，或者相反，军人成为商人（他们交易战利品）；另一方面，雇佣军士保卫的城市成为坚固安全的地方。

因拥有武装居民和职业军人而变得坚固安全的城市，不但能自卫和用来保护贸易，而且用于（对外）扩张。一些城市很快地将附近最近的村落归属于自己。应当指出的是，第一，这不仅是经济上的归属（赋税），还是政治上的（司法和行政权力）；第二，这种政治联合早在编年史描写的诺曼人号召前就已开始了。像在欧洲其他国家一样，归属的完成有两种方式：换取保护和武力解决。在任何情况下出现这一过程的结果，是9世纪中叶前在罗斯出现了以坚固城市为中心的、控制其周边地区的城市区（带）。这些地区（带）根据城市名被称为诺夫哥罗德区、切尔尼戈夫区、斯摩棱斯克区、罗斯托夫区及其他。

尽管斯拉夫人有自己的经济和政治中心，但古斯拉夫国家体制（组织）开始形成的时间普遍认为在9世纪中前期，根据编年史记载，是瓦兰吉亚人进入诺夫哥罗德的862年。

9世纪伊始，东西欧均遭受了海上游牧民族——斯堪的纳维亚人的侵袭。欧洲不同地区对他们的称谓不同：维京人，诺曼人，瓦兰吉亚人。斯堪的纳维亚游牧民族给整个欧洲带来了恐慌。在罗斯的瓦兰吉亚人特别多，他们与其说是来经商的，不如说是来掠夺的。如果与去西方比，那么瓦兰吉亚人到罗斯来另有目的："哪里有贡赋——哪里就有海盗和海岸强盗；进入罗斯的多半是武装商人，目的是继续混进富裕的拜占庭。在那里给皇帝服务很划算，可以经商，有时有机会还打劫富裕的希腊人。这些瓦兰吉亚—斯堪的纳维亚人也进入罗斯许多商业城市的军事—工业阶级，这一阶级是罗斯面临外部危险时于9世纪开始形成的。由于驻留在罗斯一些大的贸易城市，瓦兰吉亚人在这里遇到了利益同源并对其有所需求的居民阶级和武装商人阶级，他们加入其中并和当地人组建贸易合作社，或者为获取好的报酬而受雇保护商路和商人，也就是押送俄罗斯商队。"①

于是，编年史上记载，862年诺夫哥罗德求援招来了瓦兰吉亚大公留里克及其两个兄弟。此举可能是为保卫诺夫哥罗德不受外敌侵犯。但以后瓦兰吉亚人凭借军事力量由护卫者转身变为统治者，征收赋税，不但赋予自身对外政治职能，而且赋予对内政治职能和司法职能。一些历史学家，如伊洛瓦伊斯基Д.И.，将留里克及其兄弟视为神话般的英雄，因为现实中并无其历史资料。此外，许多民族都有类似关于求援三兄弟的传说，其国家也是由此开始具有雏形。

与留里克不同，诺曼人奥列格（882～912）被认为是现实人物。882年，他杀死了在其之前进入基辅的同乡阿斯克德和蒂拉后占领基辅。占领基辅并非奥列格及其卫队的最终目的，他们认为基辅应成为自己控制整条商路并继续南进黑海和亚速海的基地。要完成如此大规模的任务，对奥列格而言一开始就是资源不足。如此大的目标只有联合其治下的东斯拉夫人的主要力量才能完成。应当指出的是，居住在距离商路很近的部族自然需要被保护，从而自愿臣服奥列格。

907年前奥列格第一次远征君士坦丁堡时，波利安人、德列夫利安人、北方人、拉吉米奇人、乌利奇人、特维尔人和其他部族已臣服或自愿承认了他的政权。被匈牙利人打败后，奥列格被迫离开罗斯南方。因此，10世纪初前，在欧洲出现了强大的斯拉夫－瓦兰吉亚国，即与基辅罗斯同样闻名的基辅大公国。

基辅成为国家的主要城市，这与其是俄罗斯贸易的集散地有关。商船从沃尔霍夫、西德维纳、上第聂伯河及其支流等各地汇集于此。地理位置使基辅可以封锁沿第聂伯河而下的商船，从而破坏他们的贸易。这里是俄罗斯对外贸易的主要商埠。此外，基辅还是国家抵御草原游牧民族侵袭的前沿堡垒。

于是，"国家可能在居民被分割成互不联系或者敌视的若干部分时得以建立，或者存在某种将这些分散的部分强制聚在一起的武装力量，或者存在

---

① Ключевский В. О. Указ. Соч. С. 147－148.

某种足够强大的使没有联系或者敌对的各部分屈服的共同利益。上面的两个因素即武装力量和共同利益都参与了俄罗斯国家的形成。共同利益在于，随着佩彻涅格人的大量出现，所有从事贸易的罗斯城市都感到需要武装力量保护国家边界和商路以防止被侵犯……这一力量来自瓦兰吉亚大公及其卫队。在成为共同利益的代表者和保护者并控制贸易城市后，这个大公及卫队由武装力量变为政权机关。利用这个政权赋予他的各种手段，大公开始强制其他部族归附于他。这些部族不太参与国家商贸活动，没有分享共同利益。征服这些远离中心商贸河道的部族后，东斯拉夫人的政治联合也就完成了。这样，共同利益和武装力量都参与了俄罗斯国家的建立，因为共同利益和侵略性力量密切相连：俄罗斯对贸易的需要和存在的危险要求以大公为首卫队的保护，这个卫队依靠一个部族征服其他部族"①。

因此，可以确认两种促进俄罗斯国家形成的主要因素：一是经济因素，有一条全欧洲的商贸之路和与此密切相关的经济利益；二是政治因素，即需要抵御草原游牧民族的侵袭。

奥列格、伊戈尔（912~945）和斯维亚托斯拉夫（964~972）先后在基辅定居、征税和组建多人卫队，然后开始远征拜占庭。数次远征都是出于经济目的，即为俄罗斯贸易打开并维护君士坦丁堡市场与获取战利品。奥列格于907年和911年、伊戈尔于945年、斯维亚托斯拉夫于971年签订的合约，成为远征的结果。签订的合约强化了调整罗斯与拜占庭年度贸易关系的规则，以及在君士坦丁堡的俄罗斯商人与希腊人私人之间关系的规则。合约中最重要的条款：允许开展无关税贸易，取消海岸法（按古老的风俗，遇难船只及其货物是近岸居民的所得物），俄罗斯商人在君士坦丁堡期间和离开商路前要有酬金。俄罗斯商人用带来的蜂蜜、蜂蜡、皮毛和奴隶换取丝织品、金子、葡萄酒、蔬菜、水果。

大公及其卫队成员、贵族（贵族是指富有的卫队队员——地主）成为主要的贸易商。一些船和普通的商人加入大公和贵族的商队中，目的是在大

① Ключевский В. О. Указ. соч. С. 160.

公护送队的掩护下到达君士坦丁堡。奴隶（家奴）在东方和拜占庭市场特别值钱。在保加尔和额济勒，一个女奴隶卖一个银币（迪拉姆——摩洛哥的本币）。如果在基辅一个女奴隶值100迪拉姆，那么在巴格达"一个漂亮、白净和没有接受训练的女奴隶值15000迪拉姆"①。在君士坦丁堡用丝织品（贵重织品）购买奴隶，两件贵重织品购买一个奴隶（家奴），折合320～1600迪拉姆，而女奴隶的价格是普通奴隶的4倍。② 8～10世纪，每年为阿拉伯国家和拜占庭送卖的奴隶达几千人。

国家体制形成的最重要标志之一，是可以直接收税。直接征税在9世纪的罗斯就已众所周知。征税由普通法准则调节，但由大公的意愿决定。在征税问题上，早期的俄罗斯大公的表现更像是征服者：与其说他们感兴趣的是巩固纳税人的经济基础，不如说是获取暂时的收益即个人所得和弥补卫队的支出。这一时期在被征服领土上征税是以贡赋和（或者）巡行征赋方式完成的。许多史料研究家将大公及其卫队周游被征服土地时的巡行征赋与征税等同而论。这一研究方法的拥护者援引拜占庭皇帝康斯坦丁二世巴格良那洛茨基（908～959）发布的公告，公告称：每年11月大公及其卫队在斯拉夫领土上巡行征赋，（各地）提供整个冬季的用度，4月征税后返回。同时，研究者指出，巡行征赋明显得自侵夺他人的获取物，因为它在9世纪还带有自发性特征，有时与10世纪中叶还存在的侵夺所得的内容有些不同。"人"（村社社员）意味着巡行征赋的缴纳者，而"罗斯"意味着巡行征赋的索要者，类似结论还与巡行征赋中存在独特的劳动分工的推测相似。如外国史料证明，罗斯人不从事生产劳动，以在斯拉夫人土地侵袭掠夺全部所需。按本国（俄）学者的观点，以侵袭获取赋税完全合理，与其说不同民族（罗斯人和斯拉夫人）共存，不如说两个社会集团共生，类似的劳动分工还存在于古印第安人和伊朗人士兵与生产者之间。

根据其他观点，贡赋和巡行征赋是大公卫队获得生活资料的两种不同方

---

① Истахри. Цит. по: Мец А. Мусульманский ренессанс. М., 1965. С. 60–61.

② Лебедев Г. С. Эпоха викингов в Северной Европе. Историко-археологические очерки. Л., 1985. С. 145.

式。此论证的拥护者认为，自由的村社社员（"人"）不缴纳贡赋，但要承担食物、罚金、销售和贡物。贡赋征收的对象是非自由人，尤其是"受控制村社"的农民和社会地位近似于奴隶的人。在此还可以发现巡行征赋具有的最古老的宗教沟通功能。这一制度的类似作用也存在于其他许多民族的生活中，这些民族的先王被赋予祭司功能，一年中的绝大部分时间都以独特的方式在自己控制的领土上游牧。一系列的研究证明，与古罗斯巡行征赋可比的首领巡游实际上在中世纪前就遍布于所有的欧洲国家，甚至欧洲以外的国家。值得注意的是，首领对领地巡游的时间与太阳在天空的运行一致，并与历法相关。历史学家推测，直到基辅政权确立前，部落大公（收取）巡行征赋也具有类似的特点。通过与外国学者研究成果的对比发现，统治者的部分巡游受到了当地居民的热情接待，他们为其提供了酒宴和预定的礼品及回礼。一些国内研究者认为，大公巡行征赋的全部所得被当作献给太阳神的礼物，以此换取它的恩赐，只是后来这些礼物成了最早赋税征收的样品。被援引观点的拥护者指出，古罗斯巡行征赋并非静态的，而是动态的，在其存在的几个世纪里一直在变化。在氏族部落体制成熟时代，随着大公固定职务的出现，最初的巡行征赋主要发挥了宗教的功能，这是由首领在东斯拉夫社会的神圣作用决定的。随着经济、社会和政治功能在巡行征赋制度中的出现和强化，它逐渐具备了为大公管理社会、保证内外和平与支付报酬的意义，并在11世纪与12世纪之交转化为某种税收形式。

尽管存在各种界定巡行征赋本质的方法，但多数人认为，巡行征赋制度可以视为处于政权顶端的大公侵占土地的第一步，也就是大公们开始以巡行征赋（征收）法的形式将一些出现私有的土地转给为其服务的农奴主——卫队成员。

学术文献中关于古俄罗斯巡行征赋地域扩展问题也没有一致的观点。一系列地理、历史研究表明，巡行征赋地域包括德列夫利安人、德列格维奇人、克里维奇人和北方人部落联盟的领土，当地的大公们为基辅收集贡赋。根据其他说法，10世纪上半叶诺夫哥罗德的斯洛文尼亚人、拉吉米奇人、乌里奇人和提弗尔兹人是向基辅护卫队伍缴纳巡行征赋的进贡者。10世纪中叶基辅大公巡行征赋的地域还有从基辅到斯摩棱斯克第聂伯河两岸地区。

在收取贡赋和巡行征赋时，大公主导着其分派活动。在以武力威胁征收苛捐杂税之前，大公没有将其他人视为完全平权的享有者，只是将在共同出巡中获得的共有财产在共有者间进行分配。贡赋和巡行征赋的主要成分是货币资金（银币或银锭——格里夫纳），以及有经济价值的野兽毛皮。直到10世纪中叶前，贡赋和巡行征赋的交付也没有规定的数额和时期。

征税问题上的无序引发部落联盟对赋税征集专断的抵抗。945年起义的德列夫利安人杀死了试图二次巡行征赋的基辅大公伊戈尔。大公夫人奥尔加成为基辅罗斯的统治者（945～969）后，被迫明确了巡行征赋的额度（《鉴戒》或代役租）、征收的周期和交税的地点。基辅管辖的土地分为若干行政单位，每个地方大公都派有自己的全权代理人（执事）。同时也明确了税收的分配原则：约1/3的村社收入用于大公所需和宫廷开销，其余的2/3用于国家需要。于是，俄罗斯历史上进行了第一次财政一行政改革：以村社制度代替巡行征赋。但是，这场变革不是一次性完成的。伊戈尔大公的死被普遍认为是古老巡行征赋开始变革的史篇性方向，也意味着此前大公管理制度的陈旧不堪。从巡行征赋转向村社制度过程本身延续了一个世纪，在基辅经历了奥尔加和伊戈尔之后3～4代人的时间。在此过渡过程中，村社制度在巡行征赋地区内以税收征集点的形式发挥作用。

10世纪的考古资料证明，可以将雅罗斯拉夫西那（基灭列沃及其他）和弗拉迪米尔西那（弗拉迪米尔高地）的卫队墓地遗迹归为巡行征赋地外的大公乡村墓地，这些物质文明正好兴盛于10世纪中叶至下半叶。同时期的卫队墓地和村落在巡行征赋地区也是众所周知：在斯摩棱斯克地区分布于新谢尔及托罗佩茨附近的格涅兹多沃和类似高地墓区，在切尔尼戈夫地区分布于舍斯托维齐亚和谢德尼夫。和这些古迹相关的物质文明（成套的武器及装饰品）和礼仪（高岗下伴有华丽器具和祭品的尸体火葬，墓室）是基辅墓地及基辅卫队上层整体的明显特征。短期营地和村社一样在被征税地区发挥作用。10世纪出现在村社和宿营地的大公卫队逐渐强化了对属于大公巡行征赋地区的控制。因此，在基辅大公弗拉基米尔时代（980～1015），他的儿子们就已统治诺夫哥罗德、波罗茨克、图罗夫、罗斯托夫、穆罗姆等地，从基辅出发巡行的必要性在于征收巡行征赋，为吸取教训，完全用固定的村社制度替代。

随着生产力和生产关系的发展，以及国家功能与界限的扩大，税收的形式也变得复杂起来。国家功能在基辅罗斯形成的初期是保卫和扩大边界，而国家的需要受制于宫廷和卫队的费用支出，稍后又出现了社会建设的需要（城市、防御工事、教堂、道路等诸如此类），管理机构的费用支出、国内秩序的维持、驻外使馆的拨款等。相应地，税收制度变得更加多样化。11世纪宫廷出现了一系列与征税相关的职务——税务官、关税征收员、罚金追索员等。基辅罗斯时期直接税的征收形式有贡赋、代役制、赋税、赠礼、晋谒金、食邑、苛税。但是，如果贡赋随便确定或以任意价值征收，包括任何人都可索要，那么代役制就要明确对象、数量和时间。征税的客体是房屋或烟囱，也就是财产本身，对其数量和经济能力起初并没有加以考虑。后来，根据农户人口征税的程度更高。将土地作为征税客体是随着古俄罗斯国家解体为独立的公国而同时发生的。

12世纪的基辅已不再是分裂成12个独立公国的统一国家的首都。这一时期也没有任何一个统一的税收政策：不论是数量还是赋税种类，各公国的税额单位各不相同。但是，索哈（古俄罗斯田地课税单位）成为多数公国直接征税的基础。平均原则是俄罗斯税额单位十分突出的特点。索哈包括考虑到土地质量的固定面积的地块，其上登记注册赋役人口。索哈包括的经营活动负有全部和及时纳税的集体责任。索哈内部遵行分摊的原则。农民缴纳的所有税收具有实物的特点。

这一时期除了直接税外，还有间接税。在罗斯最先谈及间接税是在10世纪前。在907年奥列格大公签署的基辅罗斯与拜占庭的条约中包含了关于通行税的信息。作为最古老的税种之一，通行税是对商品运输和贸易期间划给商人保管货物用地所征的税。^{①} 根据许多学者的观点，上述条约只是明确和整合了以前文件中出现的调整贸易和关税领域国家间相互关系的规范标

① Памятники русского права. -Т. 1. -М., 1953. -С. 65.

准，而在罗斯通行税则早在该条约签署前就已众所周知了。根据此方法，征收通行税还是东斯拉夫人在5～6世纪同北黑海沿岸地区进行贸易过程中引入的古老传统，它维持了与罗马和希腊之间的关系，而此前这两个国家就有详尽的关税规则。① 以立法强化古俄罗斯的间接税则首次体现在11～12世纪的法律文献——《俄罗斯法典》这部规范汇编中。其中，该文件的第35条明确了销售税和交易时通行税征收员在场的规定。要求通行税征收员在场是为了在审理被盗商品销售案时以买卖货物事实的宣誓为凭证（详见第32条）。②

最初以手续费形式征收间接税的制度在俄罗斯国家体制（组织）（12～15世纪）的单位时间内获得了独特的可持续发展。随着基辅罗斯解体和一系列独立经济中心的建立，新的关税支付出现了，其分支和分类都得到了强化。共有大约40个税种，通常有条件地分为两类：通行税和贸易税（针对筹备活动和买卖权）。③ 通行税的范围包括：陆路通行税和水路通行税（以商品运输工具为计税单位，较少以商品价值为计税单位）；搭载税（通行税的变体，其数额取决于以俄丈计算的载货运输工具的尺寸规格）；数量税（按商人车队中大车的数量）；橇装税（按雪橇数量）；岸边税（以靠岸船上的金钱或商品纳税，取决于船的数量及尺寸）；人头税（按大车、船和其他交通工具上的每个人）。对贸易准备活动征收的税种包括：仓储税（按租用的仓库）；商场税（中心商场客房费用以外的停宿费用）；店铺税（经商的店铺）；堆置税；装卸税（商品称重时装卸工作）；测量税（用桶测量散装商品或按其份数）；重量税（包税人对商品的重量称重）；大秤－康塔里

---

① 比如见 Кисловский Ю. Г. История таможенного дела и таможенной политики России / Под общ. ред. А. Е. Жерихова. -М., 2004; Лодыженский К. Таможенные учреждения // Энциклопедия. Ф. Брокгауз и И. Ефрон. -Т. 64. -СПб., 1901; Осокин Е. Внутренние таможенные пошлины в России. -Казань, 1850; Шумаков С. Древнерусские косвенные налоги // Сборник правоведения и общественных знаний. Труды юридического общества при Московском университете. -Т. 7. -М., 1897.

② Правда русская / Под ред. Б. Д. Грекова. -Т. II. -М., 1947. -С. 378, 385.

③ 比如见 Ключевский В. О. Сочинения: 9 Т. -М., 1987 – 1990. -Т. 6. -С. 166.

税（按商品的量，1康塔里等于2.5普特）；余量税（商品称重时平衡整理重量）。

买卖权的贸易税包括：到场税（商品责任人在商品出售时到场）；购买税（根据商品价格）；商场税（根据对运放到中心商场的商品的评估，或者根据其价值或数量）；契约税（对某些商品如铜、鱼子、鱼、盐进行买卖，按价格或单位）；买卖税（商品销售）；印记税（马的主人在其买卖或交换时烙上印记）；绳结税（捆扎商品须盖海关章或留有海关标志）；人头税（人卖为奴隶时征税）；称重税（对销售商品称重征税）；测量税（出售大宗小麦、黑麦、燕麦、麦芽、大麦、大麻、荞麦、豌豆和被测量的商品）。^{①}

俄罗斯的财政和税收制度在8世纪金帐汗国人侵时停止了发展。

除了税收改革，奥尔加作为被基督教承认的第一位女大公载入史册。因为那时信奉多神教的国家被看作野蛮的，所以接受基督教意味着融入"文明民族家庭"。奥尔加自己受洗并希望整个罗斯也接受基督教，但在这个愿望实现过程中遇到了两个障碍。一是以她的儿子斯维亚托斯拉夫（964～972）为代表拒绝受洗，并解释是自己卫队多数人无意受洗。二是拜占庭皇帝不想让俄罗斯建立一个独立的教会。当"某一民族提出（受洗）请求时，拜占庭皇帝坚持要求新皈依者不但要承认君士坦丁堡大牧首作为其教会领袖的权力，也要承认皇帝作为其政治宗主的权力"^{②}。这对罗斯而言自然是不能接受的。于是，奥尔加请求神圣罗马帝国皇帝奥托一世派主教和神父来罗斯组建教会。但是，奥托派来的主教组建的主教区权力有限，结果主教区完全处于日耳曼神职人员的控制下。基辅多神教认为这是一件好事。

奥尔加的孙子弗拉基米尔大公（980～1015）开始了罗斯基督教化的第二次尝试。8年争夺基辅之战后，弗拉基米尔成为伟大的公。大概由于被他伤害的对手（其兄弟）亲近基督教，他开始强化以多神教统治公国。然而，

① Аграшенков А. В.，Блинов Н. М.，Бобков В. Б.，Мячин А. Н.，Шамахов В. А.，Шумилов М. М. Таможенное дело в России Х-начало ХХ вв.（Исторический очерк. Документы. Материалы）．-СПб.，1995．-С. 7－8.

② Вернадский Г. В. Указ. соч. С. 49.

第1讲 古俄罗斯的社会经济发展

多神教在国际环境中已经是陈旧现象。罗斯周围的许多国家都信仰一神教。大约865年可萨人转信犹太教，保加尔人于922年接受伊斯兰教，942~968年许多波罗的海部落开始信奉基督教，960年波兰大公梅什科、974年丹麦国王、985年格则·文格尔斯基公爵、995年挪威国王纷纷受洗。① 此外，在罗斯包括大公卫队成员在内已有许多基督教徒，弗拉基米尔和各宗教派代表见面时思考的问题，就是哪一个适合俄罗斯。拜占庭皇帝瓦西里依靠（弗拉基米尔）军事帮助清除了内部对手，作为交换答应把自己的妹妹安娜公主嫁给弗拉基米尔。弗拉基米尔于988年接受洗礼是一系列政治事件的结果。990年弗拉基米尔和安娜返回基辅时，带回了牧师、圣骨盒、圣器和圣像。俄罗斯人民从此开始接受基督教并组建俄罗斯教会。

在罗斯，人们开始兴建教堂，从事慈善活动。此前杀兄害弟、名誉扫地的多神教教徒弗拉基米尔发生了极大变化。为强化新的信仰，弗拉基米尔着手进行人民教育。为此，他开始创办学校，命令在基辅和其他城市从最好的家庭选拔孩子送到学校进行"书本学习"。"这样一来，在不过20年左右的时间里成长了一代人，他们的知识水平和视野完全超越其父母；在罗斯这些人不但是基督教社会的奠基者，而且也是宗教文化的传播者、国家和公民社会的开创者。"②

弗拉基米尔不但是自己睿智的祖母奥尔加大公在宗教问题上，而且也是在确立国家制度、政策上的继承人。他开始铸造俄罗斯第一批货币。

在弗拉基米尔执政之前，基辅罗斯并没有民族货币标志。商品交易都是借助贸易过程中从不同国家流入罗斯的外国货币完成的，有拜占庭的罗马银币，西欧国家的杰那林、德拉克马，但更为通行的是阿拉伯的迪拉姆。与外国货币一起作为货币使用的，在北方是毛皮，在南方是家畜。在罗斯逐渐以毛皮为基础形成本币制度。库纳、诺加塔原本是各类皮毛（遗憾的是，我们在文献中没有发现任何关于这些皮毛的说明）。通行的是库纳（可能是貂

---

① Вернадский Г. В. Указ. соч. С. 70.

② Костомаров Н. И. Русская история в жизнеописаниях ее главнейших деятелей, кн. 1. М., 1995. С. 11.

皮），逐渐地，"库纳"开始表示钱币，特别是银币（"钱币"一词很晚才源于鞑靼语）。格里夫纳－库纳成为主要的货币单位。格里夫纳也表示重量的俄磅和砝码。俄磅在重量上与德国、英国有一点区别，1俄磅等于409.51克。这样的话，1格里夫纳－库纳就表示1磅（或者409.51克）银币；它还是各种形式的银锭，常常为409.51克重的长圆形。1格里夫纳－库纳近似等于20诺加塔或25库纳（语言中还保留着"库纳"的旧意——貂皮），或者50列扎纳。韦克沙和别尔卡是最小的单位。在斯摩棱斯克，1诺加塔等于24韦克沙。同时，确定了迪拉姆与其分币之间的市场比例关系（迪拉姆分成一些部分）。比如，一定数量的迪拉姆分币可以购买列扎纳或诺加塔，相应地开始称为列扎纳和诺加塔。

弗拉基米尔时代开始铸造独特的金币——兹拉特尼克金币，总量约为4.3克；银币，总量约为3克。1单位银币价值约为1迪拉姆。硬币上铸有手持十字架的大公的肖像和题字——"弗拉基米尔王位与金钱同在"。货币铸造在其后的大公时代一直持续到弗拉基米尔·莫诺马赫王朝（1113～1125）。在弗拉基米尔继承者斯维亚托波尔克·奥克扬大公的时代（1015～1019）只铸造银币。古俄罗斯最初的货币是东西方元素独特的融合物。大部分的银币被用于东方，并与格里夫纳－库纳制中的库纳、迪拉姆重量一致。硬币的底景取自拜占庭，但雕刻匠并没有机械地模仿拜占庭的货币。古俄罗斯硬币上的图画和题字具有自己的特点——大公雕像的线条符合其画像，题字用的是基里尔文字。值得指出的是，俄罗斯硬币并没有替代其之前的流通工具——外国硬币，银锭和库纳制持续存在到14世纪，但也发生了一些改变。

对弗拉基米尔统治做总结时可以发现，其与其他大公的原则性不同：他不仅是卫队的领袖，还是国家的统治者。

弗拉基米尔在与其子之一、诺夫哥罗德全权代表雅罗斯拉夫的敌视中抑郁而亡。可能雅罗斯拉夫受到了瓦兰吉亚人的影响（他的妻子 *Ингигерда* 是瑞典国王 *Олав Скетконунг* 的女儿），他决定实行独立于基辅的政策并拒绝按规定将诺夫哥罗德所征贡赋（3000格里夫纳）的2/3上交基辅。弗拉基米尔开始准备远征自己的儿子，但在准备过程中生病死去了。

基辅罗斯国家的社会经济制度

弗拉基米尔死后，他的儿子们开始为争夺基辅大公位而斗争。1019年，雅罗斯拉夫与其兄弟之一的穆斯基斯拉夫分割罗斯政权成为这一斗争的结果。兄弟俩的领地以第聂伯河河床为界。虽然基辅被雅罗斯拉夫得到了，但他认为生活在诺夫哥罗德更好，其时穆斯基斯拉夫已将自己的都城从特穆塔拉坎迁往切尔尼戈夫。就是这两个城市在某个时期成为政治和经济中心。像从前一样，诺夫哥罗德控制着从波罗的海向南的商路的北边部分，但从切尔尼戈夫输出的商品此时却不发往基辅，而是顺第聂伯河而下，沿草原河流和水陆路前往亚速海地区，通过克里米亚前往君士坦丁堡以及突厥斯坦和外高加索。这可能与此时佩彻涅格人控制了第聂伯河下游地区有关。也可能是立足特穆塔拉坎的穆斯基斯拉夫有意而为的政策：对他而言，特穆塔拉坎商人的利益可能远重要于基辅商人的利益。维尔那茨基 Г. В. 认为："穆斯基斯拉夫的统治在一定程度上是尝试用特穆塔拉坎的统治替代在基辅罗斯的统治，同时复兴基辅时代前古罗斯汗国。"①

1036年，穆斯基斯拉夫去世，但没有留下继承人。雅罗斯拉夫成为波罗兹克大地外基辅罗斯唯一的统治者。他迁到重新成为罗斯中心的基辅。扰乱自君士坦丁堡沿第聂伯河贸易的佩彻涅格人终于在1037年被消灭，从此他们的侵袭也告终结。为庆祝战胜佩彻涅格人，雅罗斯拉夫在基辅建造了拜占庭样式的圣索菲亚教堂，该教堂迄今也是那个时代建筑的典范。

击溃佩彻涅格人后，贸易水路重获自由。尽管与拜占庭的关系存在周期性的危机，但贸易的繁荣促进了基辅罗斯财富的增加、商品货币关系的持续发展和社会经济结构的复杂化（水平的提高）。

这可以在古俄罗斯国第一部法令——《俄罗斯法典》中找到反映。普遍认为，智者雅罗斯拉夫在1036年为这部文献奠定了基础。

---

① Вернадский Г. В. Указ. соч. С. 87.

俄罗斯社会经济发展史

《俄罗斯法典》提出了基辅罗斯社会阶层与经济分化的概念。阶层划分依据当事人与大公之间的关系：那些本人服务于大公并进入其卫队的人称为"大公勇士"。这些有军职的人成为最高特权阶层，在这一阶层的帮助下，大公们得以实行统治和保卫财产不受敌人侵犯。打死大公勇士的人要付两倍罚金。其他自由的无公职居民——人或者普通人分为两个阶层：根据手工业和贸易交税的城里人，居住在农村交贡赋的庄稼人。人死要交罚金。农奴是非自由居民，没有阶层：农奴不向大公交税，不用为其他农奴之死交罚金，但需要弥补主人（农奴主）的损失。杀死自己的农奴一般不被惩罚，因此，农奴的法律地位近似于奴隶。

除了阶层划分外，在《俄罗斯法典》中也可以看到社会的经济分化。有公职的高层分为大、中、小地主，大地主被称为大贵族。没有公职的阶层也开始分化为不同的社会群体。庄稼人构成了最大的社会群体。作为自由人，他们生活在大公（国家）的领地上。他们有自己的房屋并用自己的劳动工具开垦土地。

农村工人构成了另一群体。这可能是庄稼人年幼的儿子们，父辈的经营不能为其提供劳动岗位；还有就是因火灾、歉收等原因破产的庄稼人等。他们在大地主的土地上落户，从主人那里以种子、劳动工具和牲畜的形式借债。这些人在《俄罗斯法典》中被称为雇工或佃农。在此应当指出的是，如果我们在最高层观察到的只是经济差别——财富与土地的多少，那么普通人群因经济不平等构成了法律地位的不平等——贫穷的庄稼人被迫向地主借债，然后在地主的土地上劳作还债，由自由人变成依附地主的人。依附性在于，农民在还清债务前不能离开自己的主人，而债务的叠加和偿还极为复杂。除此之外，依附性还表现在：（1）主人有权对佃农进行肉体惩罚；（2）法庭上佃农只有在必需且没有自由人证人时，才在一些无关紧要的诉讼中做证人；（3）佃农本人不对某些犯罪行为负责，如盗窃；主人为其交付罚金后，他们就变成主人完全的农奴。① 如果佃农成功地还清了债务，他便可以没有任

① Ключевский В. О. Указ. соч. С. 251.

何阻碍地离开自己的主人，重新成为自由人。①

要指出的是，在基辅罗斯，阶层还没有固化，阶层之间存在很多中间带可以上下过渡。

正如已经指出的，社会的经济分层主要以土地私有的出现为前提。在不缺少土地的辽阔的俄罗斯，土地私有是以何种方式出现的？克柳切夫斯基 В.О. 对此奇怪现象给出了令人信服的解释："11 和 12 世纪基辅罗斯经济繁荣依靠的是奴隶占有制。奴隶占有制到 12 世纪中叶前达到了巨大的规模。在10～11 世纪奴仆（奴隶贸易）成为俄罗斯向黑海和伏尔加－里海市场出口的主要项目……奴隶占有制是俄罗斯最古老立法极为关注的重要对象之一，这可以根据《俄罗斯法典》做出判断——有关奴隶占有制的条款构成了整体内容中最重要和成熟的部分。大概，奴隶占有制是俄罗斯土地私有制首要的法律和经济根源。"到 10 世纪末前，城市阶级成为俄罗斯社会生活地域和方式的主导者。管理和贸易提供的日常利益使其没有考虑土地私有问题。但在第聂伯大城市定居下来后，城市阶级开始关注这一经济来源。军事征讨使其掠占了许多奴仆。城市生活的富足使其开始向海外销售剩余品：正如我们知道的，从 10 世纪开始，奴仆（农奴）和皮毛成为俄罗斯出口的主要项目。此时社会高层的人开始用奴仆（农奴）开垦土地，将奴隶占有制用于土地私有制。罗斯土地私有制出现的标志不早于 11 世纪。我们在 12 世纪历史中发现了一些土地私有制出现的标志。土地私有者是大公及其家族成员、大公卫队勇士、教会机构、修道院及教皇办公室。但在所有的关于 12 世纪土地私有制的信息中，土地所有权带有一个明显的特征——由奴隶居住和耕种开发，即"带有家奴的村庄"。可见，家奴成为土地私有制、世俗和宗教、各种规模经济不可或缺的附属物。由此可以得出的结论是，有关土地的所有权，即可以像拥有其他任何东西一样拥有土地的思想本身，源于农奴制，是对农奴所有权的思想的发展。这块土地是我的，因为我的人是耕种者，似乎这是一个辩证过程，而我们有

① 关于基辅罗斯的社会结构分类，详见 Греков Киевская Русь. М.

关土地所有权的法律思想就是这样形成的……于是大贵族的世袭领地就出现了：10世纪享有特权的商人和勇士变成了大贵族，《俄罗斯法典》里称其为享有特权的土地所有者。因为在11世纪和12世纪奴隶定居务农，所以其身价提高了。我们知道，雅罗斯拉夫去世前的法律允许打死袭击自由人的奴隶，但其后代废除了该法。①

可见，在罗斯和其后的俄罗斯，主要的稀缺资源是劳动力，而不是土地。这一现象具有重要的经济效应。至于奴隶制，尽管教会对奴隶接受基督教洗礼的态度很消极，但这一制度在彼得大帝执政前一直存在。

社会阶层构造问题与政权组织问题密切相关。按照韦尔纳茨基Г.В.的看法，基辅罗斯的统治是三种形式的混合体：大公代表的君主制；先是（大公）卫队，后是大贵族杜马代表的贵族统治；人民会议（市民大会）代表的民主管理。②

大公不仅是作战和向人民索要贡赋的力量，还承担着重要的社会功能：国防、司法、维持秩序和保护财产。大公卫队是限制大公权力的机构。智者雅罗斯拉夫时代之前，大公卫队成员已不单是训练有素的武装骑士，他们当中的许多人已是拥有足够物质财产来维护私人武装的大地主，这一队伍在作战时充实大公的部队。换言之，他们是一支不可轻视的有生力量。在此要重点指出的是，卫队成员拥有作为私有财产的土地。③ 卫队成员拥有的土地甚至在其转服务于其他大公时，仍是他们的财产。至于卫队的补充人员，主要是贵族和一些卫队成员的子弟，但也常有农民、商人和手工业者的子弟成为卫队成员。如果这些人足够勇敢、善于武器，那么就有上升的机会。

除了卫队，市民大会制度是限制大公权力的一种制度。在古俄罗斯，市民大会是遍布城乡的全社会性机构。的确，市民大会的影响力在不同的城市

---

① Ключевский В. О. Указ. соч. С.

② Вернадский Г. В. Указ. соч. С. 195.

③ 所有制满足以下三个条件时被称为私有制：所有权、支配权和剩余索取权。当所有者仅仅处于完成条件状态时，如为大公服务，此时有条件的所有制则与此相反。

各不相同。基辅大公即位，无论是贵族还是城市居民都必须认可才行。当大公开始残害人民，或者因自己的内外政策而使国家处于贫困境地时，市民大会开始发挥作用。如1068年，当伊贾斯拉夫明显无力组织基辅力量来防御波洛韦次人时，基辅人召开市民大会决定驱逐伊贾斯拉夫，选举弗谢斯拉夫·波洛茨基作为自己的大公。

因此，基辅罗斯大公的政权与其后延续几个世纪的莫斯科大公的政权有原则性的区别。

雅罗斯拉夫统治的时代被视为古俄罗斯国家的繁荣期：城市的数量增加了，财富增加了，兴建了许多教堂，圣索菲亚教堂成为巨大的图书馆，基辅成为重要的教育中心。

雅罗斯拉夫统治时期出现了许多修道院。可能修道院与接受基督教是同时出现的，但我们在文献中发现，只是从雅罗斯拉夫时代才开始提及修道院。修道院的生活和修道士精神的概念，是与洗礼一起从拜占庭进入我们生活的。当时在拜占庭有一种观念，即人首先可以用肉体耻辱、拒绝一切世俗财富来满足上帝的愿望。"离群索居的隐士成为符合神意之人的榜样；把自愿关在狭窄小屋、洞穴、树洞之内、柱子上等诸如此类，吃最少的粗糙食物，以发誓沉默自我惩罚，身带沉重的铁栅锁残忍自虐，以极端邋遢示人的隐士看作基督教高尚美德的典范。"① 这样的生活与思想方式成为所有想自我救赎（基督教意义上）和按上帝喜欢的方式生活的人的理想。这自然会导致赞美贫穷，贬责财富，力求减少自己的需求。祈告和做教堂礼仪比用劳动改善自己的世俗福利更为重要。自然地，此类世界观的延展不可能不影响经济的可持续发展。

雅罗斯拉夫死后，根据大公遗嘱，罗斯在他儿子们之间进行了分割。这为封地制度的形成奠定了基础。这里可以和西方查理大帝（742~814，法兰克国王，加洛林王朝皇帝）帝国的解体进行一定的类比，在其死后的9世纪初，原来统一的国家迅速解体。

① Костомаров Н. И. Указ. соч. С. 23.

俄罗斯社会经济发展史

基辅罗斯的某一时期（1054～1093）是雅罗斯拉夫的3个儿子掌权，这周期性地反映了自己亲属对政权和土地的主张。1093年，弗谢沃洛德去世也即"三人执政"的结束，一场为谁在哪里统治公国的残酷斗争重又燃起。最终，斯维亚托波尔克二世掌控了政权（1093～1113）。

斯维亚托波尔克二世执政时期是基辅罗斯历史上艰难的一段。波洛韦次人来到了被雅罗斯拉夫剿灭的佩彻涅格人的土地上，他们占领了商路的南部，罗斯同拜占庭和东方的贸易开始衰落。新来邻居不断的侵扰破坏了基辅居民的生活。此外，斯维亚托波尔克二世试图垄断盐业，从而导致盐价高涨。在这种情况下，许多基辅人被迫求助高利贷者和向大地主借款，但不是所有人都有能力还债，于是不能还债的人变成了附庸或家奴。斯维亚托波尔克二世的死成为民乱的理由，其钱财谋士——富裕贵族和犹太人的房屋被洗劫。弗拉基米尔·莫诺马赫作为新的执政者受邀请（此破坏了已形成的传统）来到基辅。

弗拉基米尔做的第一件事就是实行改革。他发布《关于利息的命令》，其中禁止非法使用短期贷款，减少长期贷款的利息，限制放贷人对贷款人的权力并禁止将其变身为奴隶。该列入扩编版《俄罗斯法典》的规范法令，允许债务总额外抽取不超过100%。此外，立法者确定了长期借款的利息率不能超过年利息率的20%，同时规定不偿还债务者可能承担刑事责任。

弗拉基米尔·莫诺马赫及其两个儿子姆斯基斯拉夫（1125～1132）和亚罗波尔克二世（1132～1139）的统治，是基辅罗斯由一家进行统治的最后时期。1139年亚罗波尔克二世死后，争夺大公地位的战火重新燃起。这一次战争以基辅首先不再是罗斯政治中心，然后不再是其经济和精神（宗教）中心而结束。罗斯不再是基辅罗斯。1169年莫诺马赫的孙子安德烈·博戈柳布斯基在抓捕大量被征服者后，洗劫并毁坏了基辅。他登上大公位后拒绝留在基辅，而是将其建成不久的城市弗拉基米尔作为自己的首都。从这一刻起，俄罗斯历史上的另一个时期——1169～1453年的封地（封邑）时代来临了。

基辅罗斯的衰落

从11世纪末开始，基辅罗斯发生了重大的社会经济变化："从瓦兰吉亚到希腊"的商路的作用下降了；贵族和卫队成员开始更多地关注农业，因为土地所有制成为其收入的主要来源；大公的数量增加了，但其封地缩减了；人们开始从第聂伯河沿岸向西和东北地区移民，当时那里还有大面积闲置的土地。所有这些过程都导致罗斯的社会经济和政治体制在12世纪前发生了巨大的变化：基辅失去了先前的意义；国民经济中，贸易的比重急剧下降；在罗斯出现了3个相对独立的政治中心——西罗斯、东北罗斯和诺夫哥罗德领土。

罗斯分裂成几部分的原因，是9世纪曾经促使其联合在一起的因素消失了。

第一，世界贸易流向的改变使罗斯过境中转站的地位急剧下降。西欧在11～13世纪发生了所谓的"公社革命"：城市得以从领主的手里解放。这一现象的结果之一，就是这些城市的商人阶层开始更积极地参与国际贸易。在欧洲的北部，结成汉萨同盟的德国城市开始控制贸易。法国的香槟市场蓬勃发展。在南方，意大利的城市为控制地中海而展开竞争。威尼斯试图控制与拜占庭的贸易（1082年威尼斯－拜占庭条约签署后，西欧国家与拜占庭的贸易超过了威尼斯）；热那亚从自己利益考虑，努力将贸易流从第聂伯河口转向多瑙河河口，从阔尔苏尼（*Корсуни*，位于今塞瓦斯托波尔地区）转向塔纳宜斯（*Танаис*，靠近顿河罗斯托夫）。作为基辅罗斯的主要贸易伙伴，拜占庭因常遭到土耳其人的侵袭，经济地位被削弱了。这些事件降低了"从瓦兰吉亚到希腊"的商路的意义，并导致其衰落。13世纪初当十字军攻占君士坦丁堡并建成拉丁帝国（1204～1261）时，罗斯与拜占庭的贸易彻底中断了。至于与东方的贸易，随着基辅在11世纪末失去特穆塔拉坎，也逐渐中断了。另外，区域贸易开始增长。诺夫哥罗德和斯摩棱斯克加入汉萨同盟贸易集团。加利奇通过陆路与波希米亚（捷克）开展贸易。梁赞和苏兹达里通过中间商——保加尔人和波洛韦次人与东方进行贸易。因此，这一时期的贸易与其说是分散了，不如说是把俄罗斯土地连了起来。

第二，那时外部没有重要的敌人，为抵抗未来的敌人必须联合起来。想从斯拉夫部落得到贡赋的哈扎尔人被斯维亚托斯拉夫打败了。1036年，极大妨碍繁荣期第聂伯商路贸易的佩彻涅格人被雅罗斯拉夫打败了。11世纪中叶草原上出现了波洛韦次人，他们一直统治到鞑靼-蒙古人侵袭。然而，波洛韦次人无意使俄罗斯居民臣服并向其征税，也无意占领罗斯。他们侵袭的目的，是获得战利品（卖为奴隶的人口、牲畜、装饰品等诸如此类），而非政治统治。波洛韦次人基本上侵袭到同草原接壤的第聂伯河沿岸地区就停止了，相应地，距离草原很远的大公们也无意与波洛韦次人作战。加之，波洛韦次人在经常性的侵袭中破坏了经济，杀人放火，掳人为奴，耗尽了第聂伯河沿岸地区的力量，从而迫使人们离开这一土地。

居民迁徙可以看作分割的第三个原因。农民、手工业者、商人开始寻找更加安稳的地方，从基辅罗斯主要的政治、经济中心——基辅、佩列亚斯夫利、切尔尼戈夫，或者迁往西部，或者迁往西北部。如果说12世纪前这一地区居民依靠巨大的经济利益，即参与第聂伯河沿岸贸易获得的利润坚守了下来，那么从12世纪开始得自贸易的收入急剧下降。因此，对于第聂伯河沿岸的居民而言，促使其来此并延续了几个世纪的主要吸引力消失了。居民迁徙的结果是，一方面增加了西部加利西亚-沃里尼亚公国和东北部弗拉基米尔-苏兹达里公国的人口；另一方面，削弱了基辅作为政治和经济中心的地位。

可以将特权阶层，首先是大贵族经济和政治力量的增强称为分散割据的第四个原因。12世纪最为重要的一个趋势，是公职人员（卫队成员、贵族、贵族子女）收入来源的变化。他们在9~11世纪主要的收入来源，是大公的奖赏、军事征讨的战利品，以及其自主参与贸易的利润。正如已说到的，贸易的作用在12~13世纪处于下降状态。此外，由于公爵氏族的扩大，"……公爵的处境发生了快速地变化，除少数的例外，多数已开始恶化：一些封地的经济勉强维持，另一些已经破灭，没有一个具有坚实的基础；公爵的任何收入来源都不是稳定可靠的。这种不稳定的社会状况迫使公职人员在地产中寻找比其他更为可靠的经济收入来源——至少，它可以使贵族更多避免经济意外和大公的变化无常……"① 贵族土地所有制的扩大，一方面促使贵族降低了随自己大公移居其他封地的意愿，另一方面，在获得独立于大公的收入来源的同时，贵族也开始努力提高自己的政治作用，尽力减少对大公的依赖。

还可以将与大公权力"长子（孙）继承－流传制"（*лествичного принципа*）相关的问题看作分地割据的一个不可小视的原因。流转制在智者雅罗斯拉夫死后开始正式运行。在遗嘱中，他根据儿子们的长幼决定其获得城市的规模与贫富程度。从遗嘱中可以看出，雅罗斯拉夫不想让他的儿子们终身固定在其封地上，而是想长子死后基辅的王位按年龄传递，这就会使所有的王公依次从（规模小、收入少）小城市移居到（规模大、收入多）大城市。如此一来出现的结局是，第一，俄罗斯不是一个君主执政，而是由这个大公家族轮流统治；第二，王公们在固定的公国只是临时的统治者，在此执政到最大公去世，然后轮转继承。

这一制度在施行的初期取得了积极的成果。第一，"……借助王公在不同州间的轮转，各地及诸王公之间悄然连成了一个链条，各地相互紧密相连……王公们将各州的生活不自觉地连成一体"②。第二，和王公一起从一地迁往另一地的，还有其卫队成员和贵族们。这就使有政府职位的、附属于固定王公的贵族们不能长时间留在一个地方，也无法在该地获得重要的政治影响；况且，也不能像在波兰和西欧那样使后人世袭其从事的职位。第三，随着王公人数的增加，地位低的王公的封地是更加偏僻和不太适于居住的州。获得封地的王公将卫队、仆人都一同迁走，他们在自己的封地上建房屋、教堂。通常，每个俄罗斯王公都将复制都城基辅作为自己追求的理想。"俄罗斯大地的候鸟——王公和自己的卫队到处种下文化的种子，它们在大地的中心、在基辅成长、开花。"③

王公们和民众都将俄罗斯领土看作整个大公家族所有（《世袭领地和亲

---

① Ключевский В. О.，Курс русской истории，т. 2，М.，Мысль，1988. С. 363.

② Ключевский В. О. Курс русской истории. Ч. 1. М.，1987. С. 204.

③ Ключевский В. О. Курс русской истории. Ч. 1. М.，1987. С. 207.

属继承权》），这成为10~11世纪由于政权长子（孙）继承-流传制确立，制度具有的最重要的特点。这就意味着，大公们有权征收贡赋、贷款税和贸易税，但不能私自处理土地①：不能出售、抵押、赠予、遗赠土地等诸如此类。"以前西南罗斯大公们用他们的语言理解'世袭领地'一词存在各种歧义……在这些所有的意义下世袭领地概念不包括一个特点——按遗嘱个人的和世袭的连续所有。"②

然而，随着王公数量的增加，"长子（孙）继承-流传制"越来越难以实施。如果一个家里有很多儿子，那么就可能出现年长儿子所生的大公孙子的年龄大于大公年龄小的儿子，就是侄子比叔叔年龄大。或者，某个年轻大公的父亲在其祖父前死去，那么该大公就可能会被排挤掉。这个大公被称为"失去身份的人"，他只能去管理某个遥远的、收入少的封地，然后将其传给自己的儿子们，也就是说，这块封地不再重新分配。有时也会出现一个强力、贪权和具有超凡能力的大公，他不会坐等排序，而是用武力获得王位。这自然会导致大公间的战争与杀戮。

王公们经常性的迁徙以及与迁徙相关联的内战，都直接削弱了大公们对自己城市的管理与对各项事务的影响，这也导致地方政权机关的强化，长居此地的地方官员通晓本地事务，获得了居民的尊敬。在一些地区最有影响力的政权机构是市民大会，而在另一些地区，政权集中在地方贵族（大地主）的手里。两种势力经常出现，在削弱王公权力的同时，以各自的方式影响州、城、公国各项事务的进程。

11~12世纪出现的一种新现象如大公和城市签订条约，成为王公政权被削弱的结果。我们在编年史中了解到，这样的条约存在于罗斯的南部和西部，却在诺夫哥罗德具有特别的意义。城市需要大公作为军事力量的领导者（按被中世纪意大利城市雇佣的武装队伍首领——雇佣兵队长的模式），却又害怕其权力过于强大。为预防大公权力的扩大，城市与其签订了条约，用

---

① 所有制满足以下三个条件时被称为私有制：所有权、支配权和剩余索取权。

② Ключевский В. О. С. 339.

于调整大公有权征收的贡赋数量、贷款和贸易税数额，大公及其卫队成员购买土地的规则，任命城市领导职位及调整的规则等诸如此类。如果签约的大公破坏了条约的条件，他将被赶走，邀请其他大公来统治公国。

以上列出的所有原因，尤其是经常性的内讧战争极大地削弱了大公的力量，这促使大公们思考必须协商统治罗斯的规则，以及如何在王公贵族之间进行土地划分。根据弗拉基米尔·莫诺马赫及其儿子的建议，大公们于1097年在柳别奇聚会，目的是分配土地和结束战争。有关大公们在大会上解决的问题，我们可以在俄罗斯主要的编年史《往年记事》中看到："我们为什么要毁坏俄罗斯大地，彼此之间经常为敌？……从这一刻起，我们开始共同生活，保护俄罗斯大地，让每个人都管理好自己的领地……"大公们召开的这次和后来许多会议的决定，以及上面述及的人口、社会经济发展进程，促进了州、领地继承新制度的形成，并在12～14世纪发挥了主导作用，影响了俄罗斯以后的大事件。

因为通常情况下社会经济进程会被延长，所以很难说什么时候基辅时代变成了封地制。如果我们把基辅作为具有代表性的要素，那么可以找出一个时代被另一个时代替代的假设时间。值得注意的是，从12世纪初开始，罗斯南部（基辅、切尔尼戈夫、佩列亚斯夫利）的经济和政治就出现了衰落。得自贸易的收入下降，居民迁走离开，波洛韦次人经常使留下的居民倾家荡产。基辅不再是具有政治、经济和文化吸引力的地方。随着弗拉基米尔·莫诺马赫第二个儿子亚罗波尔克的死去，基辅罗斯的统一于1139年彻底瓦解成为这一局势的主要后果。这之前留里克氏族迅猛发展，同时也出现了几个分支。每一分支都在觊觎大公国，然而任何一支都没有足够的资源统一整个俄罗斯领土和控制其上的所有王公。为争夺基辅和"伟大公"的封号，残酷、流血的战争延续了几十年。1169年，尤里·多尔戈鲁基的儿子、弗拉基米尔·莫诺马赫的孙子安德烈·博戈柳布斯基成为基辅大公。占领基辅后，安德烈成为罗斯势力最强大的大公。当时发生了一件重大的事件：统治基辅后，大公首先拒绝在基辅生活。成为伟大公后，安德烈前往他的出生地苏兹达里公国，他父亲在此统治到成为伟大公前（1155～1157）。这一事件清楚地表明，基辅彻底失去了自己先前具有的意义。因此，1169年通常被称为基辅罗斯结束和封地罗斯开始之年。

封地制度的兴起意味着：第一，大公们逐渐停止了按规则从一州迁往另一州，他们可以在自己的城市里生死；第二，公国（封地）按财产传给儿子们，这在基辅罗斯如果不符合长幼顺序，是不可能的；第三，分封的更小的公国（封地），在传给下一代时划分的更小；第四，公国分裂的领土变得互相独立，并被认为是所有者可以继承的财产，也就是说，大公们可以像国王一样继续管理居民（征税、审判、惩罚等），但目前他们拥有的只是土地。

由于实行封地制度，罗斯分成越来越小的部分，各部分愈加不依靠基辅且各自独立，并各自局限在自己的私利之中。随着各地之间联系的减弱，彼此社会经济和政治制度的差别也越来越大。12世纪末，罗斯出现了3种可能持续发展的道路：以北罗斯和西北罗斯为代表、以发达市场关系为基础的民主管理形式；以西罗斯和西南罗斯为代表、以大土地私有制为基础的寡头管理形式；以土地国家所有制为基础，在东北部罗斯建立起来的君主制度。

诺夫哥罗德领土是形成民主管理形式的地区，诺夫哥罗德也是该地区的经济和宗教中心，在向西、北和东扩张过程中实际上并未遇到抵抗。结果，在12世纪，诺夫哥罗德领土包括了诺夫哥罗德人出于防御和贸易目的建立的城市（这些居民点被称为所辖市——普斯科夫、维亚特卡、卢萨、拉多加、扎尔诺克、大卢加、勒热夫、沃洛格达、帕尔霍夫及其他）。这片领土还包括森林覆盖的广大地区——德维纳地区、卡累利阿地区、谢利格尔湖地区、伯朝拉地区、尤格拉、白海上的一些岛屿等，这里居住着当地的部族（卡累利阿人、楚德人及其他）。所辖市的社会经济体制多是模仿诺夫哥罗德体制，也就是说，他们也有市民大会，也选举出了地方行政长官等。所辖市应当服从诺夫哥罗德市民大会通过的决定，向其缴税，如果诺夫哥罗德决定开战，所辖市要召集民军随战。值得指出的是，所辖市的居民被看作诺夫哥罗德公民，因而有权参加市民大会的讨论和选举。一些所辖市，如普斯科夫、维亚特卡，在其发展程度达到一定水平并意识到了自己的实力后，开始脱离诺夫哥罗德成为独立的城市－国家，而且也创建了自己的所辖城市。土地仍归诺夫哥罗德所有，诺夫哥罗德人向地方居民征税，不允许任何外人在他们认为属于自己的领土上从事手工业。

9～10世纪，不论是在诺夫哥罗德还是在罗斯的其他城市，都有3个权力中心——大公、卫队和市民会议。然而11世纪初，在诺夫哥罗德人帮助智者雅罗斯拉夫取得基辅王位并作为奖赏得到了雅罗斯拉夫证书（俄国沙皇颁发的赐予封建权力的手谕）之后，市民的权力开始加强。凭借这个证书，诺夫哥罗德及其领土获得了自治权，不再向伟大的基辅大公缴纳贡赋，获得了自我管理和自我审判权。值得指出的是，如果没有促使市民大会强化和民主制度发展的客观条件，比如，在人民会议上讨论最重要的问题（其中包括选举大公），行政机关选举制（地方行政长官和千人团总——古罗斯军队后备队的长官），与最高权力（大公）签订条约等，那么证书就未必有多大的意义。可以把诺夫哥罗德的地理和气候状况作为客观原因。

凭借自己的位置，第一，诺夫哥罗德的领土没有成为大公们相互争夺的客体对象，因为远离罗斯的中心，也没有像其他地区一样成为通道。此外，诺夫哥罗德的土地不太适合农耕。第二，由于靠近波罗的海和许多河流，诺夫哥罗德从一开始就成为商贸城市。土地贫瘠的事实也促进了市场关系的发展：土地所有者无法被固定在自己的地产上，因为土地不能为其生活提供足够的粮食，所以不得不积极参与市场关系。贸易的发展促进了城市市民福利的增加：富裕的市民能够在有必要捍卫自己自由的时候武装自己和自己市籍的民兵。此外，市场关系也进一步促进了民主公民制度的发展。比如，在诺夫哥罗德及其所辖市存在社会阶层垂直流动的自由（富裕的商人可能破产并变为普通百姓；小手工业者可能通过致富、购买土地成为大贵族）。这也促使在诺夫哥罗德领土上没有明显的阶层划分。社会群体间的差别首先体现在财产上。甚至宗教界也是阶层开放的：任何一个诺夫哥罗德人都有权获得宗教上的称号，如果宗教人士回归世俗生活，他也不会因此受到惩罚。土地可以在市民之间自由买卖，任何一个诺夫哥罗德公民都能成为地主。捍卫所有权是主要的法律和审判制度。在诺夫哥罗德共和国不存在肉体惩罚，死刑只用于特殊的情况——背叛和颠覆诺夫哥罗德。

俄罗斯社会经济发展史

12世纪罗斯的大公政权逐渐衰落时，市民大会制度在许多城市得以加强。这在诺夫哥罗德表现得尤为明显：诺夫哥罗德人意识到，他们不是特别需要大公。然而，他们更多地扩大自己自主权的尝试遇到了经济问题。由于土地产量低，诺夫哥罗德所用粮食一直依赖外部供应。基辅罗斯时代粮食从南方运过来，但随着基辅和切尔尼戈夫土地的衰弱，以及东北罗斯的发展，弗拉基米尔－苏兹达里公国成为诺夫哥罗德主要的粮食供应者。这种依赖性迫使诺夫哥罗德人寻找与弗拉基米尔－苏兹达里王公们的妥协，否则，王公们直接停止粮食供应将导致诺夫哥罗德的粮食涨价。因此，诺夫哥罗德人并没有成功摆脱对大公的依赖。但他们保留了驱逐不称职大公和邀请其他大公的权力，在此情况下，大公的权力受到了极大的限制。在与大公签订的条约中指定了其权利与义务。"古时候并没有严格区分社会义务的种类；大公，即使是民军首领和外来的领土保卫者，也和行政长官一样都是其自由的保卫者……不论在什么地方，他（大公）是不属于自治机构的第三人，虽有使命，但没有市民大会的意愿和参与，他不能自主行使权力……其被赋予审判权，但需要和地方行政长官共同行使……从各方征收来的罚金和审判税中的一半交给大公……整个州都被视为'圣索菲亚的财产'，也就是伟大的诺夫哥罗德。大公不能在诺夫哥罗德的土地上获得地产，不论是购买，还是转赠；不能买卖抵押人从而完成交易；此规则推及大公的亲属及卫队成员。允许他在诺夫哥罗德经商，但必须借助本地人……没有市民大会选出的地方行政长官参与，大公无权向属于大诺夫哥罗德的边远地区指派执政者；还回属于诺夫哥罗德的土地……大公甚至不住在诺夫哥罗德，而是在戈罗季谢；他的卫队和他同行……"①

尽管限制很大，但大公们对诺夫哥罗德的控制仍有利可图。可以列出以下其收入的来源：有利于大公的非定期专门税，是在大公到访诺夫哥罗德时为其征收；审判税；来自条约中明确规定的土地收入；贸易税；在条约中规定的地点和时间狩猎、钓鱼的权利；蜜酒酿造权。由于12～14世纪诺夫哥

① Костомаров Н. И. Русская республика. М.，2008. С. 109.

罗德的土地比俄罗斯其他地方的土地富饶，其统治者自然收获了归其支配的大量资金。顺便指出的是，大公们在诺夫哥罗德的收入受当地官员的监督。

诺夫哥罗德财富的主要来源，是过境贸易和来自诺夫哥罗德土地上的林产品贸易。自远古以来，诺夫哥罗德就参与过境贸易。作为斯堪的纳维亚国家之间、波罗的海沿岸城市与拜占庭贸易的转运站，它是"瓦希商路"上最重要的转运站之一。然而到12世纪前，中转贸易的地位急剧下降，而其与斯堪的纳维亚、东欧和罗斯的森林产品贸易跃升到首位。毛皮制品和毛皮成为诺夫哥罗德财富的主要来源。除毛皮制品外，诺夫哥罗德人还出售得自北方的鲸鱼和海象的脂油，得自彼尔姆、尤格拉的焦油和钾碱，以及皮革、亚麻、大麻、蜂蜡。油性革（软皮）是唯一从罗斯进口的皮革加工品。从西方运来的商品包括呢子、葡萄酒和啤酒、金属制品（针）、铁、铅、丝绸、玻璃、羊皮纸、熏肉、鱼干。

12世纪波罗的海地区的贸易中心是歌德兰岛上的城市维斯比。在诺夫哥罗德曾经有哥特货栈，诺夫哥罗德商人通过货栈与哥特人开展贸易。12世纪，波罗的海的贸易逐渐从歌德兰转向德国北部城市商人的手中，这些城市以吕贝克市为中心结成了汉萨同盟。一个世纪形成的传统促使诺夫哥罗德将歌德兰视为主要的伙伴。在这种情况下，吕贝克不得不对贸易伙伴做出重大的让步，这对诺夫哥罗德商人十分有利。然而，随着哥特商人被德国人排挤（到14世纪前哥特货栈位于德国人辖地内），诺夫哥罗德人与汉萨进行贸易的条件恶化了。

在与外国贸易处于十分不利的情况下，诺夫哥罗德人开始用其控制的与俄罗斯的所有贸易进行补偿。他们在俄罗斯市场上出售从德国人那里购买的商品。粮食是诺夫哥罗德人购买的主要商品。他们在9～12世纪从南方购买粮食，然后在苏兹达里－沃伦斯基公国销售。此外，应当指出的是，诺夫哥罗德人也与东方（希瓦汗国和波斯商人）积极开展贸易。

在罗斯的西南部形成了另一种政治和经济制度。在基辅罗斯统一的时代，沃伦汗国和加利奇汗国及其城市都是不大的边缘公国，都归属年轻的大公。但从11世纪末开始，这些土地上住满了来自与草原接壤的公国的移民。

这一地区肥沃的土地促进了大地主——贵族财富的增长。贵族们有足够的资金供养私人卫队。在发生某种分歧时，卫队也有足够的力量与大公对抗。此外，加利西亚-沃里尼亚王国领土接近波兰、匈牙利，以及这些公国大公和自己西方邻居紧密的关系，促进了大贵族权力的增强。尽管是天主教徒，但波兰大公（尤其是华沙附近马佐夫舍的大公们）和匈牙利国王们比罗斯东北部的俄罗斯东正教的大公们更容易接近和理解西俄罗斯的大公。在这一条件下，匈牙利尤其是波兰的社会经济制度的影响自然更大一些。在波兰有所谓的"骑士法"（*jus militer*），该法使达官贵人不受王国官员权力的束缚，巩固了其所占土地转为私有财产，确定了土地占有者的法律权利。在这类制度的影响下，罗斯西南地区形成了以大私有土地财产为基础的寡头政治（制度）。

罗斯西南地区是第三种发展方式。此地居民潮兴起于加利西亚-沃里尼亚王国时期：移居者离开南部边境最危险的地区，其中大部分前往东北地区。这与伏尔加河作为商路的作用的提高有关：由于十字军东征，自波斯、印度、中国销往欧洲的商品，尽力沿伏尔加河而不是沿地中海通过叙利亚。

在人口地区迁移中发挥很大作用的是苏兹达里和弗拉基米尔的大公。他们建立城市、要塞、教堂。有人居住的城市，以优惠条件和贷款吸引移民。"移民使伏尔加河上游地区大公们以原来基辅罗斯不曾有的另外一种态度对待自己的公国。出现在俄罗斯土地上早期的大公对在其之前就形成的制度习以为常。统治俄罗斯领土时，他们防御外敌，维护社会秩序，根据具体时间需要对秩序补充完善。但是，他们不能说是自己奠定了秩序的基础，也不能把自己称为其所统治社会的创造者。古老的基辅社会历史远长于自己的大公。"在伏尔加上游罗斯大公开拓移民的影响下，他们获得了对自己完全不一样的看法和对所管理的社会完全不一样的态度。在这里，尤其是在伏尔加河对岸，第一位大公通常不能在自己的领地上找到一个现成的社会进行管理，而是在荒无人烟的地方开始定居、置业，目的是在其上创建自己的社会。边疆地区在自己大公的眼里复兴了：蛮荒的土地被清理干净，外地移民在"处女地"上定居下来，建立了新村庄和手工业，新的收入流进了大公的国库。大公领导了所有这一切，于是就认为都是自己亲手缔造的。于是移民培养了大公几代人一个思想，一种对待封地及其管理意义的共同见解。尤里·多尔戈鲁基开始建设苏兹达里领土，他的儿子安德烈·博戈柳布斯基继续父亲的事业。难怪他自夸说，我让苏兹达里的土地上布满了城市和大的村庄，把它变成了人数众多之地。回想起父亲的事业和自己的努力，安德烈大公有充分的理由说："要知道，这是我和父亲让苏兹达里罗斯有了自身的地位，在它之上建起了一个社会……"意思是，这是我的，因为是由我创造的，这就是那种由移民培养成的伏尔加河上游罗斯早期大公看待自己公国的政治见解。① 大公们的这类观念奠定了他们要求政权不受限制的基础，也就是权力不受贵族或市民大会的限制；还有经济权力，就是按自己的意愿支配主要资源——土地（赏赐和没收）的权力。值得指出的是，目前这只是一种要求：第一个实行没收充公的大公是伊万三世；在有记述的时代，试图实行独裁统治的安德烈·博戈柳布斯基大公被其周围的人打死。

这一时期大公的土地可以分为三类。第一，宫廷的土地，其收入用于大公及其家庭和宫廷的生活开销。在这类土地上劳作的是被固定到土地上的大公的农奴（短工）；或者将土地交给自由农民耕种，但必须将规定的产量上交宫廷。第二，所谓的官地，大公将其租给农民、农民村社或其他社会群体。地租被称为代役租，这类地被称为代役租地。第三，属于贵族、教会的私有土地，就是这类土地成了国家和特权阶层激烈争夺的对象。大公被认为是这类土地的最高所有者，他们的权力符合被几个世纪传统确定的私有制法。这一矛盾以16世纪的流血为结局。

因此，可以说，在罗斯东北部开始形成第三种发展模式：以土地国有制主导为基础，为君主制的建立创造了前提条件。

尽管俄罗斯这三个区域存在严重的分歧，但许多方面的社会经济制度还是一样的，因为基础的社会经济制度都来源于基辅罗斯的遗产。罗斯社会制

① Ключевский В. О. Там же. С.

度的一个明显特征，是没有社会等级阶层，即没有中世纪西方所特有的，或以法律，或以风俗，或以义务严格区分的封闭的社会群体。在罗斯，根据从事活动的种类、拥有动产（商品、资本）和不动产（土地）的数量进行社会群体划分。但是，社会群体（如印度的种姓，或者西欧的阶层）之间并没有严格的界限：农民能变成卫队成员，卫队成员能变成商人，商人能变成农奴等。

对于传统社会而言，尽管（阶层）垂直流动性相对大，但在11～15世纪的罗斯可以划分出两个主要的社会群体。

第一，公职人员（官宦），包括贵族、卫队成员、自由的仆役。公职人员（官宦）可以根据财产状况、社会地位进行明显分类，但将这些人归为一类的原因是所有人都根据与大公的约定服务于后者。公职人员（官宦）可以从大公那里得到土地，从而成为其财产。他们用各种办法占住土地：要么把自己的农奴固定在土地上，要么为代役制出租给农民（如果农民有自己的农具可以建房）。如果农民没有钱购置农具和日常生活用具，那么地主可以提供贷款，农民应当支付代役租和还款，或者是做工偿债并支付利息。公职人员（官宦）"……在服务于大公时，要承认大公对自己的权力；但其中的任何一个人都可以离开大公转而服务另一个。这不被视为背叛大公。封地不是一个封闭的政治世界。自由的仆役在离开原来大公时，甚至还有权保留他在离开公国里获得的土地"^{①}。

第二，普通百姓。他们是城市和乡村居民，承认大公的政权，纳税并服从大公的司法管辖（权）。但是，他们可以在任何时候毫无损失地离开一个大公转投另一个，如果另一个封地他感觉好些。因为土地相对于人口要多，农民就没必要购买土地。大公和地主为竞争劳动力，争先提供最有利的条件给有意耕地的人。

很难说，一个国家各个不同组成部分之间的关系是如何发展的，三种方式中哪一个能在俄罗斯大地上成为主流，但外部力量的参与极大地修正了俄罗斯持续进化的进程。

① Ключевский В. О. Там же. С.

罗斯和鞑靼－蒙古人的桎梏

1206年，在遥远的蒙古发生了一件影响许多国家历史进程的事件。在忽里台（部落首领会议）上，一个部落的首领成为国家皇帝，他被称为"铁木真"。

13世纪初的罗斯表现得相对稳定。1203年被罗曼·加利茨基打败的波洛韦次人，虽然还间歇性地袭扰，但其态度少了敌意：大部分波洛韦次汗倾向于谈判并力图参与俄罗斯和东方之间的中间贸易。俄罗斯王公和波洛韦次贵族之间王室婚姻的推广发挥了自身的作用。弗拉基米尔－苏兹达里大公、外号为"大家庭"的弗谢沃洛德三世（安德烈·博戈柳布斯基的弟弟）成为罗曼·加利茨基死后罗斯最强大的大公，内江战争在某一时期也停歇了。

此时西欧的十字军东征巴勒斯坦并消灭了异教徒（穆斯林），在君士坦丁堡消灭了分裂分子（东正教徒），这都促使在拜占庭的领土上建立拉丁帝国。西方基督教世界的两个领袖——罗马教皇和神圣罗马帝国皇帝在为权力独裁进行斗争。法国与统治英国的兰开斯特王朝开战，战争中英国最有名的国王之一、狮子心脏的理查德战死。西班牙大体上还处于阿拉伯人的统治之下。在北欧最终形成了信奉基督教的王国——瑞典、挪威、丹麦，再也不用担心维京人对其远近土地的侵袭了。

不论是在欧洲其他国家还是在俄罗斯，甚至从未怀疑过蒙古的存在，自然也不怀疑刚刚兴起的蒙古帝国。

新兴的帝国开始迅速扩张。历史学家将成吉思汗军队取胜的主要原因归纳为两点：第一，蒙古草原弓箭可在300步内射穿任何盔甲^①；第二，军队的组织"毋庸置疑，13世纪的蒙古军队是当时最好的军事组织。它主要由

① Маркевич В. Е. Ручное огнестрельное оружие. СПб.，1994. С. 22.

配备工程部队的骑兵组成……蒙古人用重骑兵补充轻骑兵"①。1220年之前，大片的领土被占领：许多蒙古和突厥部族臣服，中国的北部被征服，波斯、花剌子模国归服。在攻打花剌子模国沙赫（国王——译者注）的战役中，成吉思汗的军队到达了阿塞拜疆，并决定派两支部队向北通过高加索去侦察"西方国家"。这次挺进的战事之一，是1223年俄罗斯-波洛韦次联军在卡尔卡河大败。这是俄罗斯人与鞑靼-蒙古人的第一次遭遇。

1225年，在成功远征后成吉思汗返回蒙古，并于1226年去世。1229年，在忽里台上，成吉思汗的儿子窝阔台被推选为大汗，他一直继续扩张帝国。就在1235年的忽里台会议上通过了一项决定：派两支部队前去征服朝鲜和南中国，一支部队去征服伊朗、叙利亚、高加索和塞尔柱人伊斯兰教主的领地；一支部队去征服欧洲。

成吉思汗的孙子拔都（俄语 *Батый*）指挥西面的军队。从1236年秋到1241年12月的5年时间里，蒙古人毁坏了所到之处的一切——保加利亚、罗斯、波兰、捷克、摩拉维亚、匈牙利、克罗地亚，一直打到维也纳。然而，1241年12月11日窝阔台大汗去世。可能因为在蒙古争权的斗争比征服西欧重要，或者因为在如此长时间的远征中部队已疲弱不堪，拔都决定返回。然而，他没有返回喀拉和林——蒙古帝国的首都，其他王子前往选举大汗的地方。拔都在伏尔加河附近停了下来，在南罗斯和波洛韦次草原的大地上建立了克普恰克汗国即后来的"金帐汗国"，以萨莱为都城。

此时，西欧国家不但没有团结抗敌，反而决定趁蒙古人未向其进攻之际，靠损害被蒙古人洗劫的地区来扩大自己的领土。

还是在12世纪末13世纪初的时候，在东波罗的海沿岸地区先是出现了与诺夫哥罗德和普斯科夫进行贸易的德国商人，然后是信奉多神教的立陶宛人、拉脱维亚人及皈依基督教的天主教传教士，再后来是为本国商人和宗教夺取空间的十字军骑士。1186年，不太有远见的波洛茨基大公允许德国主教兴建教堂，然后在自己公国的领土上建立要塞。1202年，前里加建立并

---

① Вернадский Г. В. Монголы и Русь. Тверь, М., 2004. С. 116.

出现了"剑骑士团"（然后是利沃尼亚骑士团），其目标是使多神教教徒和东正教教徒转信天主教。

1229年，一个波兰大公呼吁来自巴勒斯坦的条顿骑士团防御好战的立陶宛部族——普鲁士（族）人。骑士们十分好战且容易组织。他们根据战略理由制订了一个夺取领土的明确计划，列出了应当攻占的地区。"预计每年攻占普鲁士的地区不大。被十字军骑士占领之后，当地居民或是被消灭，或是被迁出，然后是建立城堡、教堂和移居德国人。"①

于是，就在蒙古人毁坏南部罗斯的1240年，德国骑士占领了普斯科夫，而瑞典人进攻了诺夫哥罗德。瑞典人很快就在涅瓦河被亚历山大·雅罗斯拉维奇大公打败，在这一年退了回去。在普斯科夫定居下来的德国人两年内掠占了诺夫哥罗德的土地，杀死了携带商品来经商的俄罗斯人。但是，1242年，他们在著名的"冰上大血战"中遭受了亚历山大·涅夫斯基军队毁灭性的打击。这两场战役对俄罗斯来说意义巨大，因为阻止了德国人向东方的推进。

在德国人遭受楚德湖失败后，罗马教皇不再鼓动骑士发起针对俄罗斯的十字军东征，转而决定选择另一种方法，试图使罗斯臣服天主教教会。他们开始积极利用外交手腕。当他们意识到俄罗斯人需要帮助以摆脱鞑靼－蒙古人时，教皇因诺肯季四世派出了一队使者并带训谕给俄罗斯大公：他表示愿意提供西方的帮助以换取接受天主教。

刚刚与西方人为俄罗斯土地而战的亚历山大·涅夫斯基认为，获得教皇帮助的条件比蒙古人统治的条件更苛刻：都是需要服从，但可以用贡赋获得蒙古人的赦免，但西方人却想干涉内心的生活。此外，1204年洗劫君士坦丁堡和十字军攻占拜占庭后，很难将西方看作同盟者。于是，亚历山大·雅罗斯拉维奇做出了最重要的政治选择：他拒绝了教皇的建议，于1247年乞求大汗并获得了大公国的头衔。

此时，西南罗斯大公丹尼尔·加利奇，"……莫诺马赫之后西南罗斯大

---

① Вернадский Г. В. Киевская Русь. Тверь，М.，2000. С. 257.

公骑士精神最杰出的代表，具有他们所有的高尚品质与缺点"①，试图换一种方式执政。他想组织反抗鞑靼－蒙古人，向神圣罗马帝国皇帝和教皇请求援助。经过长时间的谈判，丹尼尔同意接受罗马教皇的庇护，但他并未得到许诺的援助。1250年，他也像亚历山大·涅夫斯基一样被迫前往汗国，承认自己对大汗的依附。1255年摆脱鞑靼人的希望短暂回归。教皇特使遵因诺肯季四世之命给丹尼尔·加利奇加冕（这是俄罗斯历史上第一位，也是唯一一位国王）。丹尼尔与立陶宛大公明多夫可结盟，试图从鞑靼人手里夺回前基辅罗斯公国的一些城市，但鞑靼人派出了讨伐丹尼尔的大军，而西方的援助始终未到。很明显，罗斯被长久征服了。

大公们一个接着一个地来到拔都的大本营，承认汗国的统治。他们中拒绝执行蒙古礼仪的人遭到了处罚，如米哈伊尔·切尔尼戈夫斯基。大公国承认金帐汗国大汗还远远不够，还必须赴哈拉和林觐见伟大的汗。此时俄罗斯大公们按汗的旨意并以其名义行事。使俄罗斯大公臣服是大汗的第一项任务，接下来必须组织被征服领土的管理和向居民征税。

在蒙古帝国出现的时候并没有文字（成吉思汗死时还是文盲）。但在占领罗斯前，蒙古帝国在汉人和伊斯兰人谋士的帮助下构建了有效的军事、行政和财政制度。在行政和财政领域，蒙古人更多地依靠中华帝国的经验，特别是将中华的行政和财政制度用于被占领土的管理。成吉思汗最有名的谋士是耶律楚材和马哈茂德·亚罗瓦奇。②

"必须强调的是，这是同时代完善和唯一的国家制度——是中华两千年文明的成果。当时世界的任何地方也没有如此组织良好的官僚组织，有能力开展普查和纳税调查，以及根据纳税者收入征税的组织。在这方面欧洲无法与东方国家相比，虽然拿破仑皇帝在法国进行的第一次纳税调查很著名，但之前征税只是'随随便便''大体估计'。"③ 因此，在罗斯出现了中华和波

---

① Иловайский Д. И. Становление Руси. М., 2005. С. 735.

② Вернадский Г. В. Монголы и Русь. Тверь, М., 2004. С. 67.

③ Нефедов С. А. А было ли иго? В сб.: Урал индустриальный. Екатеринбург, 2001. С. 24 – 33.

斯行政制度元素。

罗斯的地区差别在鞑靼－蒙古人入侵前就已存在，蒙古人在占领之后对这些地区采取了各种不同的统治方式，从而扩大了地区间的差别。罗斯的南部是金帐汗国汗直接管理，也就是说，该地区没有俄罗斯大公。1245年这里进行了人口普查，目的是明确纳税者的数量及纳税能力，以及蒙古军队可征兵的数量。普查是社会经济制度的一部分，蒙古帝国是按照中华的模式，在中华谋士的指导下由成吉思汗和他的儿子窝阔台建立起来的。为了组织征税和实行税民兵役制，居民按以下单位分居而住：几十人（村社），几百人（几个村社），汗国。这些行政单位的成员自己选出管理单位并对蒙古官员负责的"长"——甲长、乡村警察和瓦达曼（由波斯语翻译过来，首领）。

在加里西亚－沃伦罗斯，人口普查是1260年进行的。在西南和西部罗斯，居民也像在南部一样被组织起来，但大公负责为蒙古人征税。蒙古人的管理制度在这一地区一直实行到14世纪中叶前。1349年，加利奇被波兰人从鞑靼－蒙古人手中夺回，政权自然归于波兰国王。而到1363年前，西部俄罗斯的大部分领地承认立陶宛大公的统治，拒绝向蒙古人纳贡。因此，罗斯的这一部分比其他地区早大约100年摆脱蒙古人的压迫，同时接受了天主教的影响。从后蒙古时代的文献中获悉，村社成员被固定在自己的村社，只有找到替代自己的人才能离开。但很难说这一固定是在蒙古人、波兰人还是在立陶宛人统治时代确立的。

1237～1240年拔都远征时，诺夫哥罗德领土包括普斯科夫和维亚特卡并没有被蒙古人占领，但1258年大汗派官员来到诺夫哥罗德进行人口普查。诺夫哥罗德人起初试图抵抗，在意识到此举极度危险后，允许"统计员"进行普查。然而，诺夫哥罗德人实现了蒙古官员不留城市，给大汗的税由诺夫哥罗德人自己收集的目标。鞑靼－蒙古人对诺夫哥罗德领土的压迫，表现为上交贡赋和认可从大汗处领受管理大公国诏书的大公。考虑到诺夫哥罗德与大公间的条约极大地限制了后者的权力，相应地也限制了大汗的权力，而贡赋要转嫁给没有公民权的庄稼人和城郊的居民，所以诺夫哥罗德人不认为自己是汗国的附庸。

俄罗斯社会经济发展史

东北罗斯的梁赞和斯摩棱斯克分别在1257～1258年和1274～1275年进行了两次人口普查。（关于在蒙古帝国全境开展第二次人口普查的命令来自忽必烈大汗，因为他需要为在南中国和印度支那半岛的战争补充部队）。第二次人口普查的数据成为15世纪中叶前居民纳税的基础。"普查员"将居民分成几十人、几百人、几千人、几万人的单位。这些土地上的大公仍有权力，但其权力长时间受到极大的限制。大汗可以随时剥夺大公管理公国的诏书而转给另一个。在城里出现了征税人和带着队伍的大汗官员，他们监视着对大汗的忠诚度。

起初税收交给包收捐税的穆斯林商人（主要是花剌子模人）。"征税的方法很麻烦。在欠税的情况下，包税人要多算出税率，对不能交税的人限制其自由。此外，他们对基督教的不敬激怒了人们。"① 对包税人的不满导致1262年在苏兹达里、弗拉基米尔、罗斯托夫及其他城市出现一系列大的起义，起义过程中许多包税人被打死。当时金帐汗国的统治者别尔盖汗最初的反应是镇压叛乱者。但亚历山大·涅夫斯基大公紧急来到汗国，劝说大汗不要派出讨伐队。不仅如此，经过亚历山大·涅夫斯基的周旋，汗改变了征税制度。从13世纪60年代起不再派包税人前往罗斯，也就从这时到14世纪初由蒙古官员——八思哈（税收员）征税。在14世纪的前1/3时间里，俄罗斯的许多城市发生了一系列反对八思哈的起义。在对起义进行残酷镇压后，八思哈退出了罗斯，征税权转到俄罗斯大公的手里。在罗斯出现了4个著名的大公——莫斯科大公、特维尔大公、梁赞大公和苏兹达里大公，他们获得了自主征税，然后再上交给大汗的权力。14世纪末莫斯科大公成功地建立起了与金帐汗国的关系：1383年脱脱迷失（金帐汗国汗——译者注）将征税权转交给莫斯科大公，希望以此帮助莫斯科对抗帖木儿。这促进了大公们财政资源的增加，强化了其政权。

除了税收制度，海关仪式制度也在这一时期逐渐形成：过境税和（鞑靼

① Костомаров Н. И. Русская история в жизнеописаниях ее главнейших деятелей. М., 1995. С. 137.

奴役罗斯时课的）税。过境税作为贸易和过路税在远古时就已存在。（鞑靼奴役罗斯时课的）税（该税译自突厥语，是财产、烙印或印章的标志）被鞑靼-蒙古人带到罗斯，成为交易税。过境税是对过境交易课税，可以根据运输大车的数量或运输船的数量而不计商品价值。过境税分为陆路车运税和水路船运税。过境税的变体是普遍纳税制和承运税，也就是向商品承运人收税。在商人返回经过已交税的地方时要交普遍税的变体——返回税。如果运输大车用俄丈测量，则按俄丈计算征收。对避关逃税的商人要根据车载量予以双倍罚款，称为超过境税，而向逃税商人收取的额外罚款称为后过境税。过境税一直存在到18世纪中叶前。（商标、牲口印记）税此前一直保留，只是内容有所变化。该税逐渐成为根据商品价值征收的最有利的税种之一。此后，该税的名称转到冠有关税名称的所有税种上，征税的地方称为海关。

东北罗斯被视为金帐汗国，但它首先被视为伟大蒙古帝国的一部分：金帐汗国的汗也归属于伟大的大汗。然而，1360年，南中国起义进攻伟大的大汗，1368年蒙古王朝元覆灭，这标志着伟大蒙古帝国的终结。它解体分成的若干部分，通常被称为汗国。

大约就在此时，一场危机在金帐汗国开始慢慢酝酿。俄罗斯人借机出来反对鞑靼-蒙古军队，获得了1378年沃热河战争和1380年库利科沃大会战两场巨大的胜利。尽管最终没有成功摆脱压迫（在汗国，一位强力的统治者脱脱迷失继承政权，他重使罗斯屈服），但这些胜利具有极大的精神、心理意义。

库利科沃大会战之后，金帐汗国又延续了100多年。但在14世纪90年代就又重新进入危险期。帖木儿的侵略是对汗国最大的打击，他是大蒙古帝国解体后出现的汗国首领之一。金帐汗国最大城市被破坏，不但损害了贸易，而且导致这些城市手工业的衰落。此外，帖木儿企图使金帐汗国恢复丧失的贸易与财政流（来源），改变中国、印度和西方从黑海、里海北部地区通向波斯和叙利亚贸易的路线。只有在金帐汗国的边缘地区——伏尔加河中游和克里米亚地区，才有未遭到帖木儿破坏的城市。

所有这些事件都极大地削弱了汗国的力量并成为其解体的原因：15世纪20年代出现了西伯利亚汗国；1445年分出了喀山汗国；1449年分出了克

技艺传给下一代的阻力，很少有人愿意去掌握手艺和提高技能。居民除了交税外，还要服兵役。这使人们不再向往城市，反而逃离城市到远离鞑靼人的森林深处。市民的逃离导致城市萧条、建筑减少，与建筑相关的所有职业衰退。只有在14世纪中叶当蒙古政权衰落时，城市和各种职业才开始复苏。但应提及的一个极为重要的因素，就是留在罗斯的不少手工艺者照常依靠大公生活并为其劳作。即使是各行业开始复苏，他们也不是面对市场，仍是面对大公。

即使在一些地区由于人口密度下降，农业不得不从三区轮作制回到伐林－火烧耕种状态，农业遭受的损失比城市经济轻些。总体上说，蒙古人统治时代东部罗斯的农业是稳定增长的。农业得以增长的主要原因，是居民向莫斯科、特维尔最安全的地区迁移，耕地面积增加了。耕地面积增加促进了这一时期铁斧、铁锯及其他木工工具的使用，使处理林地更为轻松。

在蒙古统治的初期，贸易就像手工艺行业一样衰退了（未被蒙古人占领的普斯科夫、诺夫哥罗德除外）。这首先是源于破产，此外源于中亚籍穆斯林商人的垄断。俄罗斯商人（主要来自莫斯科和特维尔）只是在14世纪才加入与东方的贸易中。到14世纪末，他们已经控制伏尔加河上的航运，与中亚及克里米亚地区的城市开展贸易。通过诺夫哥罗德和普斯科夫与西方的贸易增长了，比如，从特维尔向波西米亚出口锁具。但这一时期的贸易额比基辅罗斯时代少很多。

因此，经济的结构性变化可能成为蒙古压迫的主要后果。第一，农业在经济中的比重上升了。第二，城市、行业和贸易不是相对地而是绝对地减少了。第三，尤其是城市经济发生了结构性改变。在蒙古时代前，经济的基础是发达的商品－货币关系，而到了蒙古时代，城市农业化：市民开垦许多大果园和菜园，饲养家禽和小牲畜。大土地庄园的意义增加了。手工艺复苏的基础不是巨大的需求即市场关系，而是大公及世袭贵族，也就是新兴国家的需求。

蒙古时代明显的变化体现在政治和行政管理领域。在内政方面可以看到社会所有阶层的自由减少了。在蒙古时代前的罗斯有三个权力中心——市民大会、卫队和大公。随着罗斯被蒙古人侵占，市民大会失去了本身的效力，因为人民的意见不再使任何人感兴趣；汗有足够的军队惩治不顺从的人，况且，大公也可以利用鞑靼军队对抗人民（市民大会在没有被蒙古人攻占的城市依然存在，如诺夫哥罗德、普斯科夫和维亚特卡）。对卫队的态度不如以前了。卫队有相当大部分成员在与鞑靼-蒙古人的作战中死亡，所以大公在与市民大会、卫队和贵族发生分歧时，只能请求蒙古汗及其军队。因此，限制大公政权的地方机构逐渐消失，汗的意愿成为唯一和主要的制约力量。这些限制在被蒙古压迫的前100年很强。大公包括伟大的大公被压缩到只能管理自己封地的经济活动。

正如已说到的，蒙古人在行政管理上以中国模式管理罗斯。标志是人口登记和向所有的居民征税，为便于征税推行连环保，实行兵役制，整顿驿站以提高管理效率，建立邮政系统。所有这些措施为相隔遥远、经济联系薄弱地区的管理构建了制度基础和基础设施。这些是蒙古政权刚刚开始削弱、莫斯科大公染指的地区。

寺院数量及财产的增加，是鞑靼-蒙古压迫的一个重要结果。蒙古人尊重所有的宗教。汗向寺院颁发了免除其税收的保护证书，这促使居民流入寺院的土地并增加了寺院的财富。在14世纪建立了200多座寺院，比以前所建的总数还多。寺院成为守护俄罗斯领土、统一思想、维持古罗斯精神传统的中心，也是文献、教育和文化的中心。东正教成为后来罗斯统一的思想基础。

因此，与鞑靼-蒙古压迫相关的变化促进了中央集权制国家的建立，并使其能够管理由民族、宗教、经济和社会关系各不相同的地区构成的巨大领土。

讨论题：

· 瓦兰吉亚人在俄罗斯国家建立过程中发挥了什么作用？

· 草原游牧民族对罗斯有什么样的影响？

· 在基辅罗斯时期有无私有制？

· 能否在基辅罗斯与古希腊的城市之间、基辅罗斯与中世纪欧洲的城市间做类比？

· 10 世纪基辅人和切尔尼戈夫人依靠什么生活？

· 为什么罗斯按拜占庭的模式接受基督教？

· 为什么基辅罗斯会解体？

· 大公在基辅和封地时期对土地的态度如何？

· 为什么俄罗斯社会是活跃的？

· 13 世纪罗斯在东西方之间有无选择？

· 为什么东北罗斯比其他地区强？

· 鞑靼－蒙古压迫如何影响俄罗斯社会与国家的进化？

第2讲

莫斯科公国和王国的社会经济发展（1453～1613）

罗津斯卡娅 H. A.

随着金帐汗国的衰落，在罗斯形成了替代它的力量。尽管存在内江和鞑靼－蒙古的压迫，俄罗斯领土统一的思想一直存在。只有在俄罗斯的大地上出现一个具有强大吸引力的中心，这一思想才能实现。在14世纪初能够承担这一艰巨任务的公国，应符合一定的标准：处在远离危险的边缘，具有便利的商路，具有适宜农耕的土地和极高威望的大公。符合这样的条件的城市有罗斯托夫、佩列亚斯夫利、莫斯科和特维尔。

莫斯科和特维尔出现在12世纪：特维尔加入佩列亚斯夫利公国，而莫斯科是弗拉基米尔大公国的成员。13世纪上半叶它们分出来，成为独立的公国。在争夺人口（劳动力资源）和尽力吸引农民、手工业者、商人、公职人员时，两个公国推行了"悄无声息"的政策：尽力保证公国内的安全，不使居民承担重税，保证司法公正。与汗国汗正常的关系和王朝间的零纠纷促进了这一政策的落实。"悄无声息"政策执行的结果，是这些公国快速发展。

罗斯托夫公国是这一时期的政治中心。罗斯托夫大公们与蒙古汗长期保持着紧密的关系，并获得了大公国的封浩，监督其他的公国。但是，在亚历山大·涅夫斯基的小儿子丹尼尔·亚历山大罗维奇（1276～1303，莫斯科的大公）攻占科洛姆纳，打败梁赞大公和站在其一边的蒙古巴斯哈（鞑靼派驻征服地的长官——译者注）部队，占领莫扎伊斯克后，包括汗国的汗就明白了，势力的中心已从东部罗斯（罗斯托夫、弗拉基米尔、苏兹达里）转向中部罗斯（佩列亚斯夫利、特维尔、莫斯科）。

就在这时候，没有子嗣的佩列亚斯夫利大公死了。在特维尔和莫斯科之间燃起了争夺佩列亚斯夫利公国的战争。争端被汗国的汗托合托解决了，他在罗斯政治上决定依靠更强有力的中央公国：把大公国的封号从罗斯托夫大公转给特维尔大公，而将佩列亚斯夫利留给莫斯科大公。于是，在罗斯出现了两个试图成为统一后罗斯中心的竞争者——特维尔和莫斯科。这一竞争首先体现为争夺伟大的弗拉基米尔公国，其封号得自汗国。

先是特维尔大公获得了成功，但1325年亚历山大·涅夫斯基的孙子伊万·达尼洛维奇（伊万一世卡里达，1325～1340）在莫斯科成为大公。他成功地博得了金帐汗乌兹别克（从1313年到1341年，是金帐汗国的执政者）的好感，并千方百计地迎合他。当特维尔爆发起义反对汗派出的巴斯哈时，汗终止了对特维尔大公"伟大公国"的封号，转给莫斯科大公——伊万·达尼洛维奇。也就是在这个大公的时代，莫斯科成为极具吸引力的中心。

可以列举出一系列在莫斯科成为罗斯中心过程中发挥重要作用的因素。

第一，有利的地理位置。莫斯科控制着连接伏尔加河上游和奥卡河上游的内河航道。沿河通过莫斯科可以从北到南（从罗斯托夫到基辅），从西到东。从贸易和军事战略的角度看，莫斯科的位置也十分有利。

第二，伊万·卡里达实行的完善土地、民生和安全的政策吸引了其他公国的移民。长时期没有鞑靼侵袭也很重要：这期间成长起来几代人，他们中的代表人物已经没有了"祖辈和父辈面临鞑靼人不可理解的恐惧，他们于1380年9月8日走向库里科沃原野"①。稳定推动在莫斯科形成没有纷争和

---

① Ключевский В. О. т. 2，С. 20.